沖縄をめぐる言葉たち

名言・妄言で読み解く戦後日本史

Kawahara Hitoshi
河原仁志

毎日新聞出版

沖縄をめぐる言葉たち

名言・妄言で読み解く戦後日本史

はじめに

沖縄には言葉がある。もう少し正確に言えば、沖縄という地に関わった人たちの言葉は深く、重い。こんな場所は日本中どこをめぐってもないだろう。それは沖縄の歴史が人に考えることを促すからだ。

そのことに気付いたのは通信社の編集局にいた2014年末、翁長雄志《おながたけし》氏が知事に就任した時だ。長いキャリアを持つ政治家は表現力の豊かな人が多いが、翁長氏の言葉にはそれとは違う歴史の重みが載っかっていた。断られることを承知で手紙を書きインタビューを申し込むと、あっさり受けてくれた。先方は私の手紙の内容に感動したわけではなく、直後に控えた訪米を念頭に海外に発信力がある通信社を選んだにすぎなかったのだが。

インタビューは15年4月に東京の沖縄県事務所で行われ、問答は2時間を超えた。印象に残ったのは「沖縄の自治権は与えられた自治権ではない。復帰後も含めて僕ら（の場合）は勝ち取ってきた自治権だ。これが沖縄の今のエネルギーになっている」という発言だった。翁長氏は「勝ち取った自治権」の長い経緯を詳細に語った。

帰り際、私が「翁長さんは歴史を背負ってますね」と言うと、翁長氏は「いやウチナンチュはみなそうですよ。ヤマトンチュよりずっと苦い歴史を生きてますから」と真顔で話した。

その通りだ。1609年の薩摩藩の琉球侵攻、1872年の琉球処分（明治政府のもとでなされた強制的な廃藩置県）、１９４５年の沖縄戦とそれに続く米軍統治、１９５２年の講和条約による日本からの切り離し、そして今日に至る米軍基地問題。沖縄の人たちは、自らの意思に関わらず、外圧によって定められる運命をずっと強いられてきた。

それだけではない。大きな外圧は沖縄の内部に数知れない亀裂を生み出した。戦時中に方言札をぶら下げられた人、戦後米兵との間に生まれた「ハーフ」、米軍から軍用地料をもらう地主、本土復帰を拒む人。外圧を受けてきた沖縄の人たちの間にも分断と迫害が幾重にも広がった。

翁長氏が言う「苦い歴史」とは、この絶え間ない外圧と亀裂のことを指すのだと私は思った。沖縄の人の言葉を意識するようになったのはそれからだ。いや、意識するまでもなく、沖縄の人の言葉は私たち本土の人間の発するものとは異質だった。沖縄に深くかかわった本土の人たちにもそれは伝播した。沖縄の歴史には外圧と亀裂がもたらす葛藤と矛盾が渦巻いている。沖縄の人たちはその渦の中で生きている。沖縄に関わろうとする人たちも、真剣であればあるほど渦に巻き込まれていく。その葛藤と矛盾から紡ぎ出される言葉が本土よりも重い質量を持っているのは当然だろう。

彼ら、彼女たちが発した重い言葉の経緯をたどり、沖縄の戦後史を通観してみたいというのが本書執筆の動機である。

調べ出すと興味深いことがわかってきた。その一つは、歴史的に評価が定着しているような言葉でも、背景を探り前後の史実や他の証言と重ね合わせていくと、私たちが知っている「常識」とは違うニュアンスが浮かんでくることだ。本書が一つひとつの言葉をその意味と時代背景だけでなく、発した人の人物像や関係者の視点を織り交ぜて多角的に検証したのはそのためである。

言葉を沖縄の戦後史という長い時間軸に落とし込むと、発せられた当時の評価とは異なる側面がみえてくるのも新しい発見だった。悪名高きフレーズも含意のある名言になったり、歴史的名言とされたものが実は借り物の言葉だったりする。また、オリオンビール創業者の具志堅宗精《ぐしけんそうせい》が戦時中に島田叡《あきら》沖縄県知事の警護をしていたり、慰霊の日に感動的な詩を披露した相良倫子の曾祖母が日本軍司令官・牛島満の散髪をしていたなど時空を超えた不思議な縁も浮かび上がってきた。これも沖縄県公文書館をはじめさまざまな史料を渉猟する中でたどり着いた成果だった。

取り上げた言葉の中には、歴史に埋もれていた言葉がいくつもある。人間の弱さを示すもの、どす黒い策謀にまみれたものもある。それらも沖縄の歴史が織りなす不思議な渦の中から生じたものであり、沖縄戦後史を通観するうえでは欠かせないと判断し掲載した。

執筆のさなか、一つひとつの言葉が点描画のように沖縄の戦後史を構成しているという思いを深くした。その点描画が放つ光は、本土から見ると逆光のようにこの国の実像を映し出している。読者諸氏が、この62の言葉を通して奥深い沖縄の歴史を体感し、日本という国の在り方を考えるきっかけにしていただければ幸いである。

この本の執筆に当たっては、できるだけ当人への直接取材を試みたが、存命者が限られることなどから事実関係の多くは関係者取材や史料、出版物に拠った。特に沖縄タイムス、琉球新報の地元紙2社には勝手を言ってあまたの資料を提供していただいた。また沖縄県公文書館、国会図書館、那覇市歴史博物館など各施設のスタッフの皆さんにも時間を割いて資料探しに協力いただいた。この場を借りて御礼申し上げたい。

なお、それぞれの言葉は「沖縄戦の残影」「米統治の闇」などテーマ別の区分を設け、関連性のある言葉をまとめたため、発言の時間軸が前後する場合があることをご了承願いたい。掲げた言葉はできるだけ忠実に記したが、本文の引用は意味を補った部分もある。発言者の敬称は省かせていただいた。

2020年5月

河原　仁志

沖縄をめぐる言葉たち　名言・妄言で読み解く戦後日本史　目次

第3章　本土復帰の騒乱

第４章　昭和の葛藤

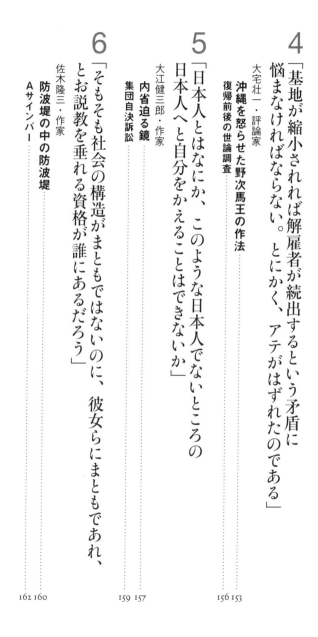

第5章　平成の胎動

第6章　普天間の虚実

付録

第1章
沖縄戦の残影

1

「沖縄県民斯《カ》ク戦ヘリ　県民ニ対シ後世特別ノ御高配ヲ賜《タマハ》ランコトヲ」

（大田實・海軍少将＝1945年6月6日発信の海軍次官宛電報の末尾）

二つの顔の葛藤

沖縄の戦後史はこの言葉から始まったと言っていいだろう。沖縄に少しでも関心を持つ人なら一度は聞いたことがある歴史的な言葉である。長い電報のこの最後のくだりは、戦後多くの人々の心を揺さぶり、本土復帰や米軍基地撤去など沖縄大衆運動の通奏低音となって語り継がれていく。

よく誤解されるが、これは大田《おおた》實《みのる》（1891－1945）の最後の電報ではない。大田が自決するのは7日後で、その間に少なくとも2本の電報を打っている。くだんの電報は、実はある人物の意思を代弁したものである。

大田は沖縄方面根拠地隊司令官の海軍少将（死後に中将）。千葉県出身で、45年1月、米軍上陸が間近に迫った沖縄での戦闘指揮を命じられ、長崎県・佐世保警備隊司令官から赴任する。上海事変で在留邦人の救出に果敢な指揮を執り、海軍で最も陸上戦に長けているというので白羽の矢が立ったという。だが、そんな経歴とは裏腹に、見掛けは小柄で人のよいおじさんという風貌である。

大田には二つの顔があった。一つは他者の苦しみに思いをはせる人としての顔である。司令部は那覇の南にある小禄村《おろくそん》の丘に掘られた総延長４７０メートルの防空壕内に置かれていた。大田は他の軍幹部とは違い、司令部を出て地元の沖縄の人々と積極的に交わった。司令部周辺の農家に「ご迷惑を掛けて申し訳ない」と頭を下げ、お年寄りや女性、児童らの本島北部への疎開も司令部のトラックを使わせた。

もう一つはやはり帝国海軍軍人の顔である。赴任から2カ月余り後の4月に米軍が本島に上陸。日本軍と激戦を重ねながらじりじりと南下し、6月上旬には司令部のある小禄周辺に迫る。大田は、本島最南端の摩文仁《まぶに》に退こうとする陸軍を支援するため「残存部隊を率いて、小禄地区を頑守、武人の最期を全《まっと》うせんとする」という電報を陸軍に送っている。大田はここで死を覚悟したのだろう。そして6月6日夕、周囲を米軍に固められる中で大田は辞世の句を詠む。

「身はたとえ　沖縄の辺に朽つるとも　守り遂ぐべし　大和島根は」

人としての心を失わずにいた大田にとっても、沖縄は死守しなければならない本土の防波堤であった。この点は見過ごされがちだが、大田は軍の方針には極めて忠実だった。だからこそ海軍で出世し、上官や部下からも信頼されていた。壕内の司令官室の壁には大田が書いたと思われる「神州不滅」「醜米覆滅」などの墨書がある。

だが、この辞世の句の約3時間後に打たれた海軍次官宛電報は軍人のそれではなかった。電報は本文約700字（一部判読不能）に及ぶ異例の長文（全文を264頁に掲載）で、沖縄県民の各層がどれだけ身を削って軍に協力してきたかを具体的に綴っている。そして最後に記したのが冒頭に掲げた言葉だ。

大田はなぜこのような電報を打ったのか。そのヒントは電報の最初に出てくる。「沖縄県民の実情は本来、知事が報告すべきだが、すでに県には通信手段がなく、現状を見過ごすことがとてもできないので自分がお知らせする」（現代語訳）。つまりこれは当時の知事の代わりに打った電報だった。

大田が知事になり代わって沖縄県民の奮闘を伝えた背景には、もちろん県民を守り切れなかった贖罪《しょくざい》の意識もあっただろう。だが、それ以上に大田の胸中を支配したのは、当時の知事、戦禍の中で必死に県民の命を守ろうとした島田叡《あきら》への尊敬の念だったことは疑いない。

島田については次の項で詳述するが、大田は外来知事である島田が県民を思う姿勢に傾倒し、この電報以前から沖縄県当局に海軍の通信手段を使わせる便宜を図っていた。内務省宛の県の電文は毎回、沖縄住民の苦難と奮闘ぶりを伝えていた。だが6月6日の時点では既に県は組織として機能しておらず島田とは連絡がつかない。大田は自身の辞世の句を詠んだ後に、島田の思いを察したに違いない。

つまり島田の存在こそが大田に歴史的な電報を打たせ、軍人ではなく人としての顔を後世に記憶させることになったのだ。

大田が人として最期を全うしたことを示すもう一つの逸話がある。この電報の後、大田は一週間命を長らえる。そして11日に別の電報を上官に発している。「敵後方を攪乱《かくらん》または遊撃戦を遂行するため　相当数の将兵を残置す　右将来のために一言申し残す次第なり」。この電報の意味は何か。「将来のために」とは何なのか。大田は壕が米軍に包囲される中、可能な限り部下を陣地から脱出させようとしていた。全員玉砕が当然とされる軍紀の中で、電報は生き残った部下たちが後に誤解されないようにとの心遣いだった。

大田はこの電報を打った2日後の6月13日に自決。ほとんどの電報は米軍に傍受されており、「沖縄県民斯ク戦ヘリ」の電報は、英訳した文章が米国立公文書館に保管されている。

最後の電報

大田實が最後に打った電報は6月12日午後。ただこの内容はどの公的史料にも残っていない。傍受した関係者を取材したノンフィクション作家の田村洋三によると、概略は以下の通り。「敵戦車および歩兵が司令部壕の外に集まり、煙弾を撃ち込んでいる。わが方は刀をもって戦いうる者はいずれも敵に当たり、そうでない者は自決しようとしている。２カ月余りの奮闘も本日をもって終止符を打つ」（現代語訳）。手榴弾《しゅりゅうだん》や弾薬が尽き、刀で最後の応戦をしていたさまが伝えられている。

2 「軍が、武器弾薬もあり、装備もととのった首里で玉砕せずして、摩文仁《まぶに》にさがり、住民を道づれにするとは、愚策である」

（島田叡・沖縄県知事＝1945年5月末の陸軍との会議での発言〜『これが沖縄戦だ』大田昌秀編著から）

吏道貫いた外来知事

「沖縄県民斯《カ》ク戦ヘリ」の大田實少将（28頁参照）には、沖縄の地で知り合い心を寄せ合った友人がいた。1945年1月、大田とほぼ同時期に沖縄県に官選知事として赴任してきた島田叡（1901−1945）である。島田は兵庫県須磨村（神戸市）で生まれ、東京帝大法学部卒業後に内務省に入る。沖縄行きを命じられる直前は大阪府内務部長の職にあった。米軍が迫る中、反対する親族に対し「俺は死にたくないから、誰か代わりに行って死んでくれとは言えん」と突き放したという。

沖縄入りしてからは、悪化していた軍と県の関係修復に尽力する。前任の泉守紀《いずみしゅき》知事が軍の県民疎開勧告に抗するなど、意思疎通ができずにいたことが念頭にあった。特に地元県民に寄り添おうとする大田實とは気脈を通じた。島田は大田より10歳年下。じっくり話ができたのは2月下旬の新知事歓迎会での一度だけだったが、決戦前夜の同時期に赴任してきたことや、ともに野球好きという趣味も合って意気投合した。後年、大田の三男の落合畯《たおさ》は「親父は（島田知事が）率先してあの時期の沖縄に赴任してきたことに感じ入ったのでしょう」と話している。

島田の武器は酒の強さと座持ちのよさであった。たびたび軍と酒宴を催し、歌や踊りで盛り上げる一方で、行政に必要な軍の機密情報を入手した。軍の沖縄での対米戦略は6カ月の持久戦だと知ると、コメを仕込むため台湾にまで出向いた。収集した情報や県の現状は海軍経由の極秘電報で内務大臣に送った。軍の通信手段をそれ以外に用いるのはご法度。前項で記したとおり、これを許したのも海軍司令官の大田だった。弱き人に寄り添う島田の姿に、大田は自身の中にある「人の顔」に通じるものをみていたのだろう。

島田は、他県出身の外来知事を訝《いぶか》しく思っていた県民に対しても統制を緩和して酒やタバコを特別放出したり、本島北部への疎開を積極支援したりするなど心を砕いている。農地を持つ人々の中には疎開を嫌がる人もいたが、島田はそうした農家を訪ね、酒を酌《く》み交わして語り合った。これまで役人から「オイ、コラ」と強制されてきた農民たちは次第に心を開き、「この知事なら」という声が広がった沖縄県庁はこの年の3月から首里の地下壕にあり、周囲は陸軍守備隊が固めていた。ところが4月に米軍が中部西海岸に上陸。首里に迫り来ると、守備隊は南部の摩文仁への撤退を検討する。南部には本島北部に疎開できなかった住民の多くが避難していた。そして5月末、陸軍と県との会議に出席した際に、島田が憤激を込めて発したのがこの言葉である。発言内容を記録したものは存在しないが、「愚策である」の言葉を含め生き残った複数の出席者が同様の証言をしている。

泣く子も黙る当時の軍に物申す。しかも「愚策」とまで言い放つとは命知らずである。話の分かる知事と思っていた軍にとっても、知事の豹変は虚を突かれたに違いない。しかし島田にとって第一義としてきた軍との関係改善も、結局は県民をいかに守るかという目的のための手段だった。島田には確かな吏道があったのだ。

だが、会議に出席していた牛島満陸軍司令官に躊躇《ちゅうちょ》はなかった。「使命は本土作戦を一日たりとも有利に導くことだ」と島田の反論を封じて撤退を決めた。結果は島田の懸念したとおりだった。米軍は撤退する陸軍を追って戦線を南部に拡大し、沖縄県民にさらに多大な犠牲をもたらすことになる。

米軍の進撃で首里を追われた島田は6月9日、県職員らに「命《ぬち》どぅ宝だ。命を永らえてほしい」と最後の訓辞をして県組織を解散。摩文仁の壕に避難したとされるが、その後の消息は不明だ。

那覇市の奥武《おうの》山《やま》公園には島田知事の顕彰碑がある。他県から来た知事が没後これほど手厚く扱われた例は沖縄にはない。

官選知事

明治政府は欧米列強と対峙していくために中央集権的な国家体制の整備を進めた。１８７１年の廃藩置県を経て73年には内務省が発足し、府知事・県令の人事権を握った。これが官選知事で、当初は薩摩、長州出身者が多くを占めたが87年には高等試験が課されるようになった。全国の府と県は一等県から三等県まで３分類され、沖縄県は三等県。初代の沖縄県官選知事は薩摩藩士だった大迫貞清。島田は23代目で最後の官選知事だった。

3
「父の打電の真意がスリかえられ、自衛隊の沖縄での『市民権獲得』のために利用されている思いが露骨に伝わりむしろ不快にすらなる」

（大田海軍少将の長男・大田英雄＝1970年10月発行の那覇市企画部市史編集室『戦災・空襲を記録する会全国連絡会議第10回記念那覇大会報告書』から）

父の遺志背負った二つの軌跡

大田實の自決から四半世紀の後、長男が父の電報にまつわる怒りの言葉を残している。大田實には11人の子供がいた。長男の名は英雄（1934－2005）。父実は長男が軍人になり、ゆくゆくは海軍大将にと願って「英雄」と名付けたという。だが長男は18歳になって父の遺骨と対面した際、志望校を防衛大学校から広島大学に変えてしまう。「父の頭蓋骨に空いた拳銃の穴を見てむなしくなった」というのが本人の弁だ。そして広島県内で高校の社会科教師をしながら平和運動に取り組んでいく。

この言葉は、那覇市が編集した平和運動に関する会議の報告書からの抜粋である。会議は1970年8月1日から3日にかけて開かれ、英雄は3日間出席した後に「今こそ戦争と軍隊の本質を明らかに」と題する一文を寄せた。その中で目を引くのが自衛隊への強い憤りである。

この文章の前には「我物顔に空に立つ那覇空港のナイキ（著者注：ミサイル）に驚く。三度目の訪沖だが、来る度に、自衛隊の進出ぶりに心が痛む」とのくだりがある。そして父が戦った海軍壕を訪れたことを記し、ここで前述の「不快」の念を示している。文章に具体的な記述はないが、当時壕の周囲には日本軍の地元への貢献を示す説明書きがあったとされ、また自衛隊関係者が出席して海軍壕公園で大田少将の慰霊祭を開いていたことなどを意識したものだろう。

自衛隊は66年11月に護衛艦「あまつかぜ」が沖縄を訪問するなど本土復帰が決まる前から存在感をみせていた。67年9月には復帰後の沖縄防衛について防衛庁が自衛隊の配備構想の検討に入り、69年10月には米国から基本的な了承を取り付けている。

当時の屋良《やら》朝苗《ちょうびょう》主席は翌11月、米軍の肩代わりとして自衛隊が沖縄に来ることに反対する考えを示した。それまで佐藤栄作内閣に本土復帰を求めてきた沖縄県祖国復帰協議会も佐藤内閣打倒を決議し、自衛隊進出の阻止を決めた。だが、中曽根康弘防衛庁長官は70年10月、長官として初めて沖縄入りし、航空機、ナイキミサイルを早期に展開する方針を示すとともに「昔の軍隊と違っているので、県民もよくその点理解してほしい」と地元に呼び掛けている。

大田英雄の言葉は、まさに中曽根長官の訪沖直前の時期であった。「県民に後世特別のご高配を」とした父の真意は、戦後の沖縄の平和と復興への支援であったはずだ。それを換骨奪胎し、父の人としての情を自衛隊という組織の情にすり替えて、地元を説得する手段に使うことは許せないという英雄の思いは、当時の沖縄の世論とも重なっていた。

本土に復帰した72年5月、県民の多くが反対する中、自衛隊は那覇市に分屯地を置いた。その2カ月後、沖縄県名護市の自衛官募集事務所に所長として赴任してきたのが大田実の三男であり英雄の弟に当たる畯（1939－、母の兄の養子となり落合畯）だった。英雄は大学選びで方向転換したが、畯は父の後を追うように防衛大から海上自衛隊に入り、父の最期の地となった沖縄勤務を希望した。望みはかなったが、募集事務所の前には自衛隊反対を叫ぶデモ隊がいた。デモ隊は所長が大田少将の三男であることは知っており、「お父さんは沖縄県民のことを考えてくれたのに、お前は何だ」と連日の抗議が続いた。

畯は後にこの時のことをこう語っている。「全然、腹が立たなかった。（沖縄の人の立場になれば俺だってやるな、と思ったから」。この他者感覚は、県民に寄り添った父からのDNAなのだろう。デモ隊は朝な夕なに抗議文を持ってきたが、畯が持ち掛けた話し合いはやがて酒席になり、周辺住民の説得もあって3カ月半後には撤収していった。畯はその後、海自の出世階段を駆け上がって、自衛隊初の海外任務となるペルシャ湾掃海派遣部隊の指揮官にもなった。

対照的な軌跡を歩んだ兄弟だが、国を思うという父の遺志を背負ったお互いを認め合ってもいた。

晙は英雄をこう語っている。「兄貴は反戦教師なんて書かれたが、平和を愛する心が人一倍強いだけで、活動家でもなければ思想的におかしい人間でもない。（中略）実は（きょうだいの中で）一番仲が良いんですよ。私のペルシャ湾行きで、一番心配してくれたのは兄貴なんです」

沖縄への自衛隊配備

防衛庁事務方は本土復帰が決まる1年以上前から検討を開始。１９６９年には有田喜一防衛庁長官が国会で「米軍基地と共用というような形」と意向表明した。日米間では70年5月から沖縄防衛計画の作成に着手。71年に陸自１８００人、海自７００人、空自２４００人の当初配備計画を固めた。米軍から引き継ぐ形となる自衛隊の軍用地使用料はそれまでの約7倍となる総額２１５億円で地主連合会と合意したが、復帰後は自治体による自衛官の住民登録拒否や基地ゴミ収集の拒否などの反対運動に遭った。

4 「牛島将軍だけは、一向に嬉しそうな様子はなく、むしろ悲しそうな表情であった」

（牛島満陸軍中将の側近＝1945年6月21日に牛島が敵将の戦死を知った際の様子～『沖縄軍司令官　牛島満』奥田鑛一郎著から）

降伏勧告は絶対拒否だったのか

沖縄戦における最高指揮官は日本軍が牛島満陸軍中将（1887－1945）、米軍はサイモン・B・バックナー中将（1886－1945）である。バックナーは45年6月18日、糸満町（現・糸満市）の丘の上で休憩のためジープから降りたところで砲撃を受け死亡した（歩兵による狙撃説もある）。その地は地元で「バックナーの丘」と呼ばれている。

バックナーは沖縄戦が最終段階に入った6月10日、牛島宛に降伏勧告の書簡を寄せ、14日にも同様に再勧告の文書を発している。ところが牛島が実際に勧告文書を受け取ったのは回答期限を過ぎた17日であった。勧告文は「部下を幸福にすることは指揮官の最も重要な義務だと貴殿はよく承知していると思います」「すでに勝敗の決している戦争において、部下の将兵を助ける何らかの手段があれば、それを遂行するのが指揮官の尊敬すべき義務です」などと、牛島の急所を突くような文言が並んでいる。だが翌18日午後、バックナーは戦死。同じ日の夕方、牛島は陸軍参謀本部に自決の意思を示す訣別電報を送り、3日後の21日、参謀本部からの来た返信電報でバックナーの死を知った。

掲げた言葉は、側近が見たその瞬間の牛島の様子である。側近の主観であるので評価は難しいが、敵のトップを倒したにしては少し変わった反応である。むろん戦況は決しており、先方の指揮官が死んでもいまさら反転攻勢できるはずもない。もはや訣別電報も送り済みであり、後は自らの身を処するだけなのだから、悄然《しょうぜん》とするのは当然だろう。だが、そこに垣間見えた悲しさとは何だったのだろう。

牛島は鹿児島市に生まれ、陸軍士官学校、陸軍大学校を経てシベリア、中国大陸などを転戦し、1942年には陸軍士官学校校長に就任する。牛島の世評は勇猛果敢で知略家だが、人物をたどると怜悧な合理主義者としての顔が見えてくる。例えば校長時代、シンガポール陥落など日本が優位に戦況を展開していた頃のことだ。牛島は教官を集めて「前途は厳しい。連合軍の豊富な物資と強大な兵力は警戒を要する。戦果を過大に評価してはならない」と戒めている。また、44年8月に沖縄に赴任した後、部下がしたためた「米国は文明国で非戦闘員を虐殺することはないはずだ」との分析にも賛同している。つまり「一億玉砕」「大和魂」などの精神論が幅を利かす軍にあって、戦局を冷静にみつめ理にかなう判断をする、いや少なくともそうしようとする意識がこの人にはあったようにみえる。

牛島が自決前の最後の命令で、部下の付け加えた「生きて虜囚《りょしゅう》の辱《はずかし》めを受くることなく、悠久の大義に生くべし」の言葉を裁可していることから、戦史家の間では無為な犠牲者を増やしたとの批判も強い。バックナーの降伏勧告を見たときも苦笑いで済ませたという。ただ、これらはいずれも「正史」側の見方だ。牛島本人が書いた最後の命令文の原文にはくだんの言葉はなかった。また、降伏勧告についても既に回答期限が過ぎていて、しかも牛島の心をくすぐるような表現があったから苦笑いしたのだという証言もある。

ノンフィクション作家、小松茂朗の『沖縄に死す　第三十二軍司令官牛島満の生涯』は、バックナーの死を知ったとき、湧き上がる部下たちをよそに、牛島は「惜しい人物をなくした」とつぶやいたという側近の証言を記している。面識のない敵方の指揮官に牛島は何を思ったのか。果たして降伏勧告を受け入れる思いはまったくなかったのか。牛島はバックナーの死から5日後の23日に摩文仁洞窟の司令部壕内で自決した。

ひめゆり部隊を引率した仲宗根《なかそね》政善《せいぜん》・琉球大名誉教授は後年、こう語っている。「もし、17日、牛島司令官がバックナー司令官の手紙を受け取ったとき、戦闘を停止していたらと仮定しなさい。17日の段階ではひめゆり部隊員の戦死者は十数人でした。その後約200人の命が奪われたのですよ」

沖縄戦の犠牲者

　沖縄県が１９７６年３月に発表した死者数は日本人が18万８１３６人。このうち沖縄県出身者が12万２２２８人（一般９万４０００人、軍人軍属２万８２２８人）、他の都道府県出身の軍人軍属は６万５９０８人。米国人は１万２５２０人。沖縄県民の４人に１人が亡くなったことになる。国は沖縄戦の死者数についての調査を行っていない。沖縄平和祈念公園の「平和の礎《いしじ》」には24万人を超える名前が記載されているが、これは１９３１年の満州事変から終戦後１年あまり経過した46年９月までの沖縄県出身戦没者を含めている。

5 「混乱と無秩序の中にも、最も愛する者、弱い者の命から先に絶って行くといった一つの筋道、順序みたいなものがあった」

（金城重明・沖縄キリスト教短期大学教授の1981年の手記〜『沖縄・八十四日の戦い』榊原昭二著から）

修羅場の中に宿った人間の理

沖縄戦での住民の集団自決は、世界の戦争史上でも類を見ない惨事だった。その総数は定かではないが1000人以上が犠牲となったとの説もある。地域別に最も多かったのが渡嘉敷島の329人とされる。

その渦中にいて自らの手で母、弟、妹を死に至らせたのが手記の筆者である金城重明（1929－）である。渡嘉敷島での集団自決は1945年3月28日。約700人の島民が北部にある谷間に逃げ込んだときのことだった。敵軍が迫る中、村長の「天皇陛下万歳」との声を合図に持ってきた手榴弾で自決を図ることになった。手榴弾は30個ほどあった。ところが、ほとんどが不発。それが別の悲劇を生んだ。おのおのが持っていたカミソリやカマ、こん棒で肉親をあやめ始めた。

金城の手記によると「夫が妻を、親が子を、男子が婦女子を、こん棒や石で頭部をたたいたり、かまやかみそりで頸《けい》動脈などを切ったり、ひもで首を絞めて」自決は実行された。そして「最後に近づくにつれ、生き残ることへの恐怖と不安が高まり、せっぱ詰まった危機感に襲われた。自他の命を絶つ事がますます至上命令となった。最後の生き残りと思ったわれわれ少年少女数名は、米軍への斬り込みを決意して自決場を後にした」という。

その日から36年が経ち、「現在の冷静な大人の見方」として手記に示したのが、この言葉である。金城は続けてこう綴っている。「愛する者を放置しておくことは、最も恐れていた敵軍による惨殺に彼等の命をゆだねることを意味したからである。肉親を置いて死におもむく男子は一人もいなかった。死の異常性の中に見られたヒューマンなもの、（ゆがめられた形においてではあるが）不条理の中の条理といえるだろうか」。狂乱の、修羅場の中にさえ人間の理が宿ることを金城は見出していた。

集団自決は軍の強制によるとする説と、それを否定する見解が今でもある。金城は、当時の村の兵事主任（兵役に関する事務を担う役場職員）が「軍から命令された」と話したことを証言しており、この兵事主任本人も生前それを認めている。少なくとも渡嘉敷島の場合、多くの住民が自発的自決でなく、軍の命令であることを意識していたことは確かだろう。

一方で、捕まれば「敵軍による惨殺」は皇国教育の中で徹底され、それを疑い得る要素はなかったはずだ。であれば軍の命令と敵軍の惨殺という抗しきれない二つの外圧の中で「最も愛する者、弱い者の命から先に絶っていく」ことは、肉親としてのせめてもの「条理」であり、「ヒューマンなもの」だったという思いも理解できる。

なお、この集団自決をめぐっては59年6月に沖縄を訪れた評論家の大宅壮一が「主人（日本の帝国主義）を批判することのない（沖縄の歴史的な）『家畜的忠誠心』」が背景にあると指摘。またルポルタージュ作家の石田郁夫は著書で「孤島の、屈折した『忠誠心』と、共同体の生理が、この悲劇を生み出した」などと綴っており、沖縄の特殊性に回収しようとする本土目線の論考が絶え間なく続いている。

集団自決

沖縄の戦史『鉄の暴風』の執筆者の一人、太田良博の造語とされる。日本軍の命令によって行われた集団での自殺という意味だが、軍の強制性をめぐっては家永教科書訴訟など各種の裁判で争われた（159頁参照）。また自らの意思による自殺ではないのだから「自決」ではなく「強制死」と言い換えるべきだとの指摘もある。沖縄本島では読谷村《よみたんそん》のチビチリガマに逃げた140人近くの村民のうち84人が自ら命を絶ったが、生存者がその顚末《てんまつ》を証言したのは1980年代になってからだった。

6 「諸霊の愛国の至情は仰いで範とすべく耿々として後進を鼓舞することを信ずる」

（摩文仁の丘・茨城の塔の碑文＝１９６４年11月建立）

碑文が映す本土の目線

沖縄本島南部の摩文仁の丘には、全国32府県の慰霊塔が立ち並ぶ。このほかにも糸満市の平和創造の森公園など、すべての都道府県の慰霊塔が沖縄本島内にある。そのほとんどが１９６０年代の高度成長期に建てられた豪華なものだ。

だが、そこに彫られた碑文は県出身兵の功績と愛国心を讃えることに終始した内容で、沖縄県民の評判は概してよくない。

ここに掲載したのは茨城県遺族連合会が建てた「茨城の塔」の碑文である。この言葉の前には「この塔は太平洋戦争において本土防衛の防波堤となって沖縄の戦をはじめ　遠く南方戦線に死闘を重ね異郷にその尊い生命を国家の栄光の前に捧げた　茨城県出身戦没者三万八千余柱の勇魂をこの

地に招き　二百万県民が平和の祈りをこめて建立したものである」と建立の趣旨が綴られ、末尾を「冀《こいねがわ》くは雄魂　永くこの霊地に鎮まり　国家永遠の隆昌と　遺族の繁栄に加護を垂れ給え」と結んでいる。

一読してわかるように戦時の皇国史観を連想させる文言が並ぶ。もちろん悪意があるわけではなく、あくまで国のために身を捧げた県出身兵を弔《とむら》うという意図はよくわかる。だが、文字通り本土の防波堤にさせられ、国家の犠牲になったとの思いがある地元沖縄の人たちからすると、やや無神経ではないかと言いたくなることも確かだろう。

誤解のないように強調しておくが、これは茨城県に限ったことではない。例えば福井県の碑文は「大東亜戦争の大義に殉じた福井県出身者」の英霊に「全県民の赤誠をこめて」建立するとある。宮崎県の碑文には「祖国の栄光を信じ」とあり、広島県は「護国」の文字がある。このほかにも「勇戦力闘」「偉勲」「勲功」「靖国の神」など戦時中と変わらぬ勇ましい言葉が目立つ。

一方で日本軍よりも多くの死者を出した沖縄県民への思いに言及したのは京都、滋賀、岡山などの数県だけ。多くの碑文が「祖国」、つまり本土と沖縄を区別して表現している。「惜しくも海外において尊い命を散華された福島県出身戦没者」として、沖縄を海外扱いしている県もあった。

46都道府県の碑文は、本土の人たちの心に潜在する沖縄への眼差しを映し出している。１６０９年の薩摩藩による琉球王国への軍事侵攻、明治政府が琉球王国を強制併合した１８７２年の琉球処分、沖縄の女性を「琉球婦人」として〝陳列〟した１９０３年の大阪内国勧業博覧会の人類館事件、そして太平洋戦争での米軍侵攻。さらには日本から切り離された１９５２年のサンフランシスコ講和条約。沖縄は本土の政府・自治体にとっては時に侵略対象であり、異物であり、防波堤であった。
その構図は、基地経済の恩恵と被害者意識の強さを念頭にした「沖縄のわがまま」という言説とともに、この国の多くの人によって今も根深く引き継がれている。

人類館事件

1903年に大阪・天王寺で開かれた第5回内国勧業博覧会でアイヌや琉球人、台湾の高砂族、清国の満州民族など計32人が民族衣装で日常生活をみせる展示を開催、これに沖縄県や清国が民族差別だとして抗議した事件。展示場では沖縄の遊女2人を主催者側が「こやつは」など蔑称を使って説明、琉球人を見下した目線が沖縄県内で問題視された。ただし当時の沖縄では本土との同化政策が進んでおり、地元紙の論調は「アイヌと一緒にするな」という他民族への差別意識に基づくものだった。

第2章
米統治の闇

1

「軍政府はネコで、沖縄はネズミである。ネコの許す範囲しかネズミは遊べない」

（ジェームズ・ワトキンス米海軍少佐・軍政府政治部長＝1946年4月18日の沖縄諮詢会での発言）

読み替えられた善意の勧告

敗戦から1972年の本土復帰までの27年間、沖縄は米国によって統治される。このうち50年12月までの5年間は米軍が直接的に統治権者となる軍政府の時代だ。

米軍統治下の圧政を象徴する言葉はいくつもある。そのうちの一つとされるのがこのジェームズ・ワトキンス（1907－没年不詳）の発言である。これはワトキンスが沖縄諮詢《しじゅん》会で委員らに語ったものだ。沖縄諮詢会とは、米軍政府に沖縄住民を代表して要望や意見を示す諮問機関で15人の委員からなる。米軍統治を権威付けするために軍政府が設置した機関だった。

諮詢会でのワトキンスの発言は、住民代表に「軍政府に逆らったらただではおかないぞ」と脅しをかけたと受け止められてきた。だが、沖縄諮詢会の会議録などを詳細に読み込むと、一定の善意を含んだ発言だったことがわかってくる。

米軍の統治は46年6月まで海軍が担っていたが、7月からは陸軍への移管が予定されていた。実はこれがその後の沖縄の命運を大きく左右することになる。米国務省内では当時、領土を拡大したいという各国の欲求が戦争を招いたと考え、沖縄を非武装化して日本に返還すべきとの意見が支配的だった。一方、沖縄戦で大きな犠牲を払った統合参謀本部は占領の継続を主張。国務省の考えに近い海軍と、統合参謀本部と密接な陸軍の対立がここにあった。

こうした背景の中で、将来の返還に向けて沖縄住民による行政機構の構築にできるだけ道筋を付けておきたいというのが海軍軍政府の意向だった。早期に立ち上げるには沖縄諮詢会をそのまま県の行政機構に移行させるしかない。幸い、諮詢会の各委員は財政、教育など行政担当別になっていて実質的に行政執行ができている。あとは委員長を知事として任命すればいいだけだった。ところが、委員の一部には知事選出は米軍の任命ではなく公選制にすべきだとする意見があった。そうした経緯の中で出たのがワトキンスの発言である。

当時の海軍軍政府と沖縄住民との関係は悪くなかった。だがこれが陸軍に移管されると、どうなるか。どこの国でもそうだが、陸軍は良くも悪くも生粋の戦闘集団であり、国際法や利害調整に通じている海軍と比べて法律や統治には疎い。強引な統治で県民との関係が悪化する恐れもある。公選制を唱える委員の気持ちも分かるが、ここは早期に行政機構を整備しておいた方が沖縄県民にとっては得策だというのがワトキンス発言の真意だとされる。

諮詢会や、その前後でのワトキンスの発言を詳細にみると、善意の説に沿うところが多い。「私はあまり荒っぽいネコではないが、外にはそんなネコもあるかもしれない」「私もムーレー大佐もカールエル少佐も長くは居ない。居る間に政治機構を見たい」。また、8日後の会議では、「平和会議（講和条約）がすむまでは米国はネコで沖縄はネズミであるから、そのことを心得ておく。ネコがネズミに躍び付かないようにするには今の機構が安全である」とも話した。言葉の端々に含意がにじむ。

ワトキンスは元々スタンフォード大、シカゴ大などで国際関係論を教える学者であり、生粋の軍人ではない。海軍少佐の階級だが、沖縄では市民を管理する軍政要員として勤務しており、戦災に遭った沖縄の文化遺産の保護にも熱心だった。経歴や関係者の話をたどると、当時連合国軍総司令部（GHQ）にもいた米国の理想主義を体現する人物像が浮かんでくる。

それでも多勢に無勢、ワトキンスも身内である陸軍の悪口を露骨には言えず、曖昧な言い回しになったのだろう。幸い諮詢会の委員たちの多くは彼の人柄を知っており、誤解することはなかった。諮詢会は結局、知事公選の旗を降ろし、ワトキンスの思惑通りに任命知事による沖縄民政府として衣替えすることになった。

陸軍に統治が替わる直前、ワトキンスは諮詢会の安谷屋政昭工務部長にこう忠告したという。「固く結束せよ。要求すべきは強く主張せよ。一度でできなければ二度でも三度でも押せ」

ワトキンスは帰国後、日本関係の専門家としてスタンフォード大学に戻り、戦後史の貴重な史料となる『沖縄戦後初期占領資料』（ワトキンス・ペーパー）をまとめている。

米国内の理想主義

第２次大戦後の米国内ではフランクリン・ルーズベルト大統領のニューディール政策を経験し社会民主主義的な思想を持つ官僚や学者が台頭した。政府が積極的に市場に介入し、貧困を救済して福祉の向上を図るなど社会の質的改善を目指すことから理想主義ともいわれた。ＧＨＱ内では日本国憲法草案作成に携わった民生局（ＧＳ）に多く、局長のコートニー・ホイットニーや次長のチャールズ・ケーディスはその代表格。チャールズ・ウィロビー部長ら反共主義者が集う参謀第２部（Ｇ２）としばしば対立した。

2 「米軍による沖縄の占領に日本人は反対しない。なぜなら沖縄人は日本人ではないのだから」

（ダグラス・マッカーサーGHQ最高司令官＝1947年6月27日の米国記者団との会見）

基地存続へ分断政策

連合国軍総司令部（GHQ）最高司令官ダグラス・マッカーサー（1880－1964）の占領政策のかなめは、迫りくる共産主義の脅威に対抗するため日本を早期に復興させることにあった。天皇制の維持も多額の援助もその手段であり、先進的な新憲法の制定でさえ決してGHQ内の理想主義だけがもたらしたものではなかった。ただし、マッカーサーの頭の中に沖縄の復興は含まれていなかった。

米国記者団との会見は、米国内で対日講和の問題が浮上してきたさなかに行われた。陸軍元帥でもあるマッカーサーは米国による沖縄統治の継続が「絶対に不可欠」との立場であった。会見では

「沖縄諸島はわれわれの天然の国境である」「沖縄に米国の空軍を置くことは日本にとって重大な意義があり、明らかに日本の安全に対する保障となるだろう」とも述べた。この発言はやはり共産勢力の台頭を意識したものだ。そして、日本の世論への影響について前掲のような見解を示している。

この発言の背景には、薩摩藩の琉球侵攻や明治政府による琉球処分など沖縄の歴史に関する一定の知識があったとみられる。そうした歴史を逆手にとって「日本人」と「沖縄人」という分断を行い、「国境」を形成して本土から隔離するという理屈付けである。

マッカーサーを中心とする米軍部には沖縄が対ソ連、対共産主義に対抗するための軍事的拠点としていかに重要であり、それが日本世論の抵抗に遭わないかを米本土政府に強調しておく必要があった。当時、米国務省や議会では沖縄の扱いについて依然として認識が共有されていなかったからである。

一方で、この発言にはマッカーサー自身の沖縄蔑視が表れているとの指摘もある。それを裏付ける逸話の一つに46年1月30日に本国政府に打った電信がある。そこには「本土にいる沖縄人の大多数は女、子供、老人で極貧状態にある。食料、住居などで日本人に依存している。本土復興の妨げとなっている」とある。当時、米国は日本の食料不足を補うため無償の援助を行っていたが、米議会などでコストがかかりすぎるとの批判が相次いでいた。そこでマッカーサーは疎開や出稼ぎで本土に来ていた10万人超の沖縄出身者を強制的に帰郷させようとしたのだ。

これに強く反対したのが当時、沖縄を統治していた米海軍軍政府だった。結局、こうした対立もあって本国の統合参謀本部は住民統治を海軍から陸軍に変更することになる。そしてワトキンスの予言通り、荒っぽいネコが沖縄に乗り込んでくる。

千島列島と沖縄

マッカーサーは記者団との会見で「ソ連が千島その他を軍事占領することにより対日要求が満足されている以上、ソ連が講和条約の成立に対し強力な反対を行うものとは思わない」とも述べた。つまりソ連の千島列島における権利を追認することと引き換えに、米国が沖縄を保有するという講和条約を想定していた。そのうえで新憲法による日本の軍備放棄と、それを補完する形での米軍による沖縄支配という構図を描いていた。

3 「天皇は米国が沖縄その他の琉球諸島の軍事占領を継続するよう希望している」

（昭和天皇に関するGHQ覚書＝1947年9月20日付）

現在に至る苦悩の起点

これは昭和天皇（1901－89）の御用掛だった寺崎英成が1947年9月19日、連合国軍総司令部（GHQ）外交局長のウイリアム・J・シーボルトに口頭で伝えたメッセージをもとに、翌20日、GHQ外交局が作成した覚書である。文面はこの後に以下のように続いている。「天皇は占領が米国の役に立ち、また日本に保護を与えることになり、それはロシア（原文ママ）の脅威を防ぐとしている。また、軍事占領は日本に主権を残したままでの長期租借（25年ないし50年あるいはそれ以上）とした」

この文書は22日、ジョージ・マーシャル米国務長官に報告され、米国の沖縄統治の重要な資料となった。覚書にはシーボルトの私的見解が添付してあり、沖縄の軍事占領は「疑いもなく（天皇の）

私利に基づいた希望」と記されている。

この覚書は進藤榮一・筑波大助教授が米公文書館で発見し79年に月刊誌『世界』4月号に公表した。終戦直後の歴代内閣は本土の復興と憲法制定に向けてGHQとの折衝に忙殺され沖縄を顧みる余裕はなかったが、そのさなか、天皇が沖縄の軍事占領継続を希望していたとの内容は当時大きな論争を呼んだ。

革新系の党派は国体護持のために天皇が沖縄を切り捨てたと指摘し、保守系の論壇は租借によって沖縄に対する日本の潜在的主権を確保するのが狙いだと主張した。だが、いずれにせよこの時の天皇の意向が、今に至る沖縄の苦悩と無縁であるとはいえないだろう。それはこの覚書が実際に米政権の沖縄政策を動かしていたからだ。

覚書から1カ月もたたない10月15日、米国の冷戦政策立案の中心人物であるジョージ・ケナンはロバート・ラベット国務次官宛てに「琉球諸島の最終的処理に関する特別勧告」と題する文書を提出している。当時、国務省政策企画部長の職にあったケナンは、軍の代表から沖縄の支配を信託統治方式とすべきとの説明を受けたが、財政的負担が大きすぎると反対。「天皇が長期租借を提案していることに留意すべきで、この方式を検討するのが当然だと考える」と述べている。

当時、占領継続か返還かで米政府内には一部対立があったが、覚書が政府内の占領継続派を後押ししたことは疑いない。覚書はまさに絶妙のタイミングだったのだ。米国はこれをテコとするかのように沖縄で軍事施設を拡大していく。

天皇メッセージが明らかになった直後の79年4月19日、天皇は侍従長の入江相政《すけまさ》を呼び、自身のメッセージが論争を呼んでいることに関連して「アメリカが占領して守ってくれなければ、沖縄のみならず日本全土もどうなったかもしれぬ」と述べ、東西ドイツや南北朝鮮のような分裂国家にならずにすんだのは米軍占領のおかげだと指摘している（『入江相政日記』）。一方、衆院議員だった瀬長《せなが》亀次郎《かめじろう》は4月27日に国会で、現行憲法施行後になされたこの提案は憲法４条の天皇の国政関与の禁止の規定から逸脱していると政府を追及した。

興味深いことがある。前項のメモに記したように、ＧＨＱのダグラス・マッカーサー総司令官は米記者団との会見で、ソ連の千島列島支配と引き換えに米国が沖縄を保有する構想を明らかにしている。天皇メッセージが発せられたのはこの会見から約３カ月後のこと。その内容はまさにマッカーサーの意向に沿ったものだった。天皇メッセージが天皇自身の持論なのか、マッカーサーの構想を意識したものかは不明だが、これを「私利」としたシーボルトは後者だと考えたのだろう。

沖縄県民が昭和天皇について複雑な感情を抱いてきた背景には近衛上奏文の存在もある。大戦末期の１９４５年2月、首相の近衛文麿が昭和天皇に早期の講和実現を訴えた際に、昭和天皇は「もう一度戦果を挙げてからでないと中々話は難しい」として否定した。沖縄県民の間にはこれが悲惨な地上戦につながったとの思いも根強くある。

本土復帰後も天皇の訪沖がなかなか実現しなかったのは、宮内庁がそうした沖縄の県民感情を考慮したためだといわれている。

米冷戦戦略

米国務省政策企画部長ジョージ・ケナンは1947年、東欧やアジアでのソ連共産勢力の拡大を阻止する「封じ込め政策」を発表。トルーマン大統領はマーシャルプランや北大西洋条約機構（NATO）の創設など西側陣営の態勢整備と防衛網構築に乗り出す。その主眼は欧州に置かれていたが、アジアでも朝鮮戦争への参戦を決めたほか、当初民主化を進めていた日本の占領政策も反共・復古主義を容認する「逆コース」に転じた。

4 「現在の時点で（琉球の）自治は神話であり、存在しない」

（ポール・W・キャラウェイ琉球列島高等弁務官＝1963年3月5日の「金門クラブ」での講演）

本国にも見限られた弾圧

後年「沖縄の自治は神話だ」と要約される第3代の琉球列島高等弁務官ポール・キャラウェイ（1905－85）のこの有名な言葉は、米陸軍省の後援で米国に留学した沖縄の人たちの親睦団体「金門クラブ」会員を対象にした講演の前半部分に出てくる。講演は、親米派の沖縄住民に向けて米統治の継続に理解を求めるのが趣旨だった。

全文をおさらいしよう。キャラウェイは冒頭から「神話が現実を覆っている分野、つまり自治と誤称される分野について話したい」と切り出す。そして「政治とは実際的な問題を処理することであり、絵空事のような計画を立てたり圧力団体がスローガンを叫ぶことではない」としたうえで

「琉球で可能なことは自治とはかなりかけ離れたものだ」と述べる。掲げた言葉につながるのはここからだ。「われわれが現実を直視するのであれば、琉球においては、あるいはどのような行政区域においても、自治はあり得ないと結論付けざるを得ない」

キャラウェイはその理由について「琉球政府は提供された権力は躊躇《ちゅうちょ》なく取り入れたが、任された責任はしばしば受け入れを拒んだ」と指摘、失業保険の資金流用や暴力行為の容認などの例を挙げて自治の資格に疑問を投げ掛けている。また、琉球政府の立法院や司法部門に関しても「職業的水準が望まれているよりも低い」などと批判し、「能力がないのに権力を要求することは、偽りの住民願望である」と演説を締めくくっている。

歴史的には米統治下の圧政を象徴する言葉とされるが、実は当時、沖縄県内では評価が交錯していた。3月9日付の沖縄タイムス社説は「能力低下の批判にどう対処するか」と題して、行政府や立法院の現状について「能力や責任論には反省すべきところは反省し、その改善に具体的対策を提出する必要があろう」と指摘している。野党の社会大衆党も「(弁務官の)独裁制を是認したもの」と批判する傍らで、琉球政府の能力や責任欠如を問うた。

確かに当時の記録を細かくみると、キャラウェイの統治には沖縄の民意に応えた施策も少なくなかった。台風被害が出るとすぐに現地に飛び復旧策を指示した。電力価格の引き下げや金融の透明化など経済分野では一定の成果を残し、労働組合が求めていた結成認可手続きの廃止も実現した。一方で本土復帰運動は徹底して弾圧し、日本政府との連携を模索する立法院の法案には拒否権を連発するなど、その強権が「キャラウェイ旋風」との世評を生むことになる。

歴史に定着したキャラウェイの悪評は政策内容もさることながら、頭越しの直接統治という手法に起因している。キャラウェイが挙げた琉球政府の「責任回避」と「能力不足」は一定程度事実かもしれないが、だからと言って琉球政府をすっ飛ばした施策を重ねて「自治はない」と言うのでは民意は付いてこない。しかも統治の重心は日本政府の関与を遠ざけ、米軍による沖縄支配を存続させることだった。つまりキャラウェイの心の立ち位置は施政官の長である高等弁務官ではなく、米軍基地の維持確保とそのための環境整備を目指す陸軍中将にあったということだ。この点は前項のワトキンスの懸念した通りである。

ただ彼は最初から「旋風」を巻き起こしていたわけではない。高圧的施政が旋風に変わったのは着任１年後の62年２月、立法院が施政権返還を全会一致で決議したことがきっかけだ。決議は毎年の恒例だが、この年の決議は国連の植民地解放宣言を引用し「米国の沖縄支配は国連憲章違反」と指摘した。自らの治世を国連憲章に反するとされたキャラウェイの怒りは絶対多数の議席を占めていた沖縄自民党、何ら手を打たなかった大田政作琉球政府行政主席に向けられ、その後与党、琉球政府を無視する独裁的な圧政につながっていく。

キャラウェイが沖縄をどう見ていたかを知るもう一つの発言がある。「５ＦＯＯＬＳよりＴＯＫＹＯ６が怖い」。５ＦＯＯＬＳとは琉球新報、沖縄タイムスの社長など琉球政府主席の公選を求める地元の実力者。ＴＯＫＹＯ６は沖縄に特派員を置く朝日、毎日、読売新聞、共同、時事通信、ＮＨＫ。つまり地元の世論よりも、本国米国に伝わる東京メディアの報道に気を使っていたという逸話だ。

本人が恐れていた通り、キャラウェイの行き過ぎた弾圧は知日派駐日大使のエドウィン・ライシャワーとの確執を生む。そして本国政府も案じるところとなり、64年7月に弁務官の任を解かれた。翁長雄志《おながたけし》沖縄県知事が普天間飛行場の辺野古移設を「粛々と進める」とした菅義偉《すがよしひで》官房長官に対し「問答無用という姿勢がキャラウェイ高等弁務官と重なる」と述べたのは2015年4月。「自治は神話」の発言から半世紀後のことである。

金門クラブ

1952年に設立された沖縄からの米留学者の親睦団体。米サンフランシスコのゴールデンゲートブリッジ（金門橋）をくぐって入国したことから命名された。米民政府が選抜し、日本本土へ留学した「日留」組に比して「米留」組と称されて親米派とみられていた。帰国後は多くの会員が米民政府設立の琉球銀行など沖縄の枢要機関の要職に就いた。会員には沖縄県知事などを務めた大田昌秀らがいる。

5

「なんのかんばせ（顔）あって、沖縄県民に相《あい》まみえんや」

（平良幸市・立法院議員＝1961年6月13日、本土から訪沖した国会議員12人との懇談の席上での発言）

土着の人の咆哮

屋良朝苗《やらちょうびょう》、瀬長亀次郎、西銘《にしめ》順治といった本土でも名の知れた政治家に比べて、復帰後2代目の沖縄県知事、平良《たいら》幸市（1909－82）は地味な存在だ。だが沖縄県内では平良を偲《しの》ぶ声は今も絶えない。それは、米国にも本土にもなびかず、あくまで沖縄人のための政治を貫いた「土着の人」への思慕の深さを物語っている。

教職を経て戦後、西原村長を務めた平良は1950年10月の沖縄社会大衆党の結党に参加する。その後、立法院議員（8期）、社大党委員長などを歴任するが、政治家としての神髄は、理念に捉われず沖縄人が普通に考えていることを汲み取り、誠実に実行していくところにあった。後に「土着」が代名詞となった所以である。「沖縄問題の解決は日本政府の責任」という社大党の政策方針は平良の持論とされるが、これも何か理屈があるというより民意の代弁と言ったほうがいいだろう。

立法院議員時代は、議員団を組織して首相の岸信介や駐日米大使に陳情を重ねた。

そんな実直な政治家が矢面に立ったのは61年、本土から12人の国会議員団が沖縄を訪れたときのことである。実はこの訪沖は米側の招待だった。土地の強制収容などを背景に本土の社会党などが独自の調査団を派遣する動きを米側が察知し、衆参両院の各派から人選してキャラウェイ高等弁務官の招待に仕立て直したのだ。一行は米軍の軍用機で嘉手納飛行場に降り立った。3泊4日のスケジュールは米民政府によってすべて管理された。見せたくないものを見せないためだ。そこに組み込まれたのが地元の立法院議員団との懇談だった。

立法院議長の挨拶の後、自民、社大、人民各党代表による意見表明があり、社大党を代表して話したのが委員長の平良だった。掲げたのは平良が発言の冒頭に述べた言葉である。国会で施政権返還の決議がなされていないこと、国会議員団自身の計画を返上して米側の招待に応じたことを皮肉交じりに指摘した上での発言だった。

「かんばせ」とは、顔や体面を表す古い言葉だが、今でいえば「どの面さげて」くらいの意味である。このせりふを咆哮した後、平良は数秒置いて声のトーンを落とし「こういったお気持ちから、恐らくはおいでになるまい、こういった声もあったのであります」と続けている。言いたいことを第三者の物言いに置き換えたのだ。このあたりは役者である。それでも本土議員らの姿勢を糾弾する内容に会場には緊張が走った。最も激怒したのが自民党副幹事長の小泉純也。小泉純一郎・元首相の父であり、進次郎の祖父である。懇談会終了後、小泉は記者らに「沖縄の立法院議員があまりに低級なのにあきれ返った。われわれを敵視しながら、一方では頼み事をするということはエチケットを知らなさすぎる」とぶちまけた。

この小泉発言に沖縄のメディアがかみつく。沖縄タイムスは社説で、議員団は米招待でなく自発的に訪沖すべきとしたうえで「沖縄側の訴えを『頼み事』として受け取っているのは、決して妥当なこととは思えない」と批判。沖縄世論も同調し、社大党本部には激励の電話が相次いだという。米軍圧政を拱手傍観してきた本土政治家に対し、沖縄の不満をストレートに代弁した平良の糾弾演説はまさに土着の政治家の真骨頂だった。

平良は議会対策にも長けていた。62年2月には、前項で触れた策謀の中心的役割を演じ米民政府の鼻を明かしている。この年、立法院の有志議員らが練った本土返還決議案は、国連の植民地解放宣言を引用し、米国の沖縄統治が国連憲章に違反することを示唆した内容だった。これを正面から持っていけば自民党は難色を示すだろうし、米民政府が許すはずはない。そう考えた平良は自民党議員らに根回しして文案の修正に応じるとともに、嗅ぎ付けた記者には言い含めて事前報道を抑え込んだ。決議案は無事、全会一致で採択され、米民政府が知ったときには後の祭りだった。もっとも、この決議によってキャラウェイは怒り、圧政を強めていくのだが。

そのキャラウェイは晩年、琉球新報の米国での取材に対し、当時の沖縄で最も印象に残った政治家として平良を挙げ、次のような思い出を語っている。米独立記念日に米軍施設で琉球政府、立法院関係者を招待したパーティーで、キャラウェイは一人でいる平良をみつけて話しかけた。「私はあなたを尊敬している。私にできることがあれば言ってくれ。米人がどのように思うか気にせず、言ってくれ」。取り込みにかかったのだ。平良は「ちょっとばかり腰をかがめて会釈しただけで、一言も言わなかった」という。

本土議員であれ米軍政のトップであれ、右顧左眄《うこさべん》しない平良の人柄を示す逸話である。知事在任中に倒れ、鬼籍に入った平良は本土ではあまり知られないままだったが、沖縄の人々だけでなく、政敵にも強烈な印象を残していた。キャラウェイはこうも語っている。「彼は決して手の内を見せなかった。琉球の人々のためになることなら、米国への賛成票も投じた人だった」

沖縄社会大衆党

1950年結成の沖縄の地域政党。平良幸市のほか沖縄群島知事だった平良辰雄や兼次佐一《かねしさいち》、後の保守系知事である西銘順治らも結党メンバーだった。綱領に「議会主義による社会主義の実現」という表現を入れるかどうかが議論になり、結局米軍の弾圧を懸念して階級政党ではなく国民政党として出発した。結党時の綱領などには「本土復帰」への言及はなく、党のスローガンとなるのは5カ月後の第2回大会から。その後、沖縄人民党（後に日本共産党に合流）とともに復帰運動の中心的役割を担った。革新政党とされるが、イデオロギーよりも民意を支持基盤に据えており政策は中道に近い。70年の国政参加選挙で衆院議員に安里積千代《あさとつみちよ》が当選。一時、日本社会党への合流が検討されたが見送られ、安里はその後民社党に移った。長い歴史があることから、沖縄では「復帰後も本土に同化されないのはオリオンビールと社大党だけ」などと言われた。

6 「総理の沖縄に対するお気持ち、対策実行の決意がよく分かりました。多くのナマの声を聞き、リポートにまとめます」

（横田球生・元共同通信那覇支局長＝1960年9月25日、池田勇人首相から沖縄の実情報告を要請された際の発言～『一九六〇年のパスポート』横田球生著から）

総理に届けた日の丸への思い

所得倍増論で有名な池田勇人《はやと》は、安保の岸信介《きしのぶすけ》、沖縄返還の佐藤栄作に挟まれ、外交・安全保障関連の政策では比較的地味な首相だった。特に沖縄問題に関しては、これといった実績を残してしていない。後の項で触れるが、吉田茂は佐藤に対し、池田が沖縄に不熱心だったことを嘆いている。

だが池田の番記者だった共同通信社の横田球生《たまお》（1929－2002）の見方は少し違う。

横田は60年9月、同社那覇支局初代支局長としての赴任を前に東京の信濃町にあった池田の自宅に呼び出され、沖縄の実態を11月末までに報告してほしいとの要請を受ける。「沖縄に関して何をなすべきか、何がいま可能であるかについてのリポートを上げてもらいたい」。池田はダミ声でそう語ったという。横田は当時30歳。信頼関係があったとはいえ、一国の首相が若い一記者に実情報告を求めるほど、米支配下の沖縄に関する情報は乏しく、錯綜《さくそう》していたということだろう。

横田は政治部記者だが沖縄への関心を捨てきれず、「政治記者としては不利だ」と止める先輩の忠告を振り切って赴任する。那覇支局設置は朝日新聞が先行し、共同は毎日新聞と同着の2番手だった。横田はやわらかい人柄と並外れた行動力で保守、革新を問わず人脈を築き上げ、やがて米民政府の情報機関CICからもマークされるほどに名を馳せる。そして約束の11月末、池田へのリポートを書き上げる。施政権返還要求の継続や日本政府の経済援助拡大など誰が見ても当然の項目とは別に、横田が力点を置いたのが「日の丸掲揚の自由」だった。

米軍は46年の布告2号で日の丸の掲揚と君が代の演奏・歌唱を禁じた。52年4月には政治目的以外での掲揚は許可されたが、学校や役所などでは依然制限が続いた。今日の沖縄では想像しにくいが、当時の沖縄の人々にとって日の丸制限は占領支配の象徴であり、家庭での掲揚は支配に抗する静かな抵抗運動でもあった。日の丸掲揚の自由を広げることは沖縄の人々の強い願いであり、それは日米両政府に本土復帰という沖縄の民意を示すシンボルになる。横田はそう思った。リポートでは横田は、安保改定で日米が新たな同盟関係に入ったのであれば、この問題は琉球政府が米民政官に要求するのではなく、日本政府が米政府に要求するのが筋だと説いた。

池田はこれにすぐ反応した。半年後の61年6月、日米首脳会談でケネディ大統領を説得、日の丸掲揚の自由を実現させる。横田によると、現地沖縄でこれを発表させられたキャラウェイ高等弁務官は「まさに苦虫を噛み潰したような表情」で、米民政府所有の琉球政府の建物には掲揚を禁ずるという嫌がらせまでしたという。

池田はこのほか日本政府からの経済援助拡大にも尽力したが、肝心の返還問題では前進が図れず、ひそかに画策した沖縄戦慰霊のための訪沖も外務省に抵抗されて頓挫する。

一方、横田はＣＩＣにマークされていることを承知で瀬長亀次郎宅などにも出入りを続けた。米民政府からもたびたび呼び出しを受け警告されたが、受け入れることはなかった。「現場取材がなぜ悪いんだ、との反発もあった」と横田は自著に綴っている。そんな縦横無尽の仕事ぶりもあって62年2月、立法院が出した異例の返還決議をスクープ。決議は前述したように国連の植民地解放宣言を引用して米軍の沖縄支配が国連憲章違反ではないかと示唆する内容で、これもまたキャラウェイを怒らせることとなる。

横田はそのスクープを手土産に那覇支局の任期を終えるが、再び取材に訪れる時のために申請した沖縄への「再入域許可」を米民政府は認めず、さらに離任者には慣例になっている高等弁務官からの感謝状もなかった。横田は生涯そのことを記者としての最大の勲章としていたという。

ＣＩＣ

米陸軍の情報機関で対敵諜報部隊とも訳される。正式には「Counter Intelligence Corps」。１942年に発足し、軍に対するスパイ活動や反逆、破壊活動の監視や調査を任務とする。連合国軍総司令部（ＧＨＱ）の占領下にあった日本各地にも配置された。米公文書館にはＣＩＣがまとめた児玉誉士夫や東條英機らの個人ファイルがあり、児玉の資産リストのほか、東條が自殺を図った際の遺書や医師の所見などが細かく記載されている。

7「鬼畜を討ち滅ぼす事は難しい。生き返ってくる。だから鬼畜であるアメリカ人を人間に教育する」

（阿波根昌鴻・伊江島土地を守る会会長＝１９５４年11月24日作成の「陳情規定」から）

乞食より恥なもの

沖縄のガンジーと呼ばれ、非暴力による反米反基地闘争を指揮した阿波根昌鴻《あはごんしょうこう》（１９０１－２００２）は、沖縄本島の西側にある伊江島のローカルヒーローである。これは伊江島の農民らに対し、土地を守るための米軍との折衝方法として阿波根がつくった陳情規定の前書きだ。この言葉の前後には「これから鬼畜とたたかうには、こちらは人間になる」「子どもを教えるように誠意をもって教えていく」とあり、規定には「反米的にならないこと」「怒ったり悪口をいわないこと」「耳より上に手を上げないこと」などとわかりやすい指南が並ぶ。

前書きに「鬼畜」とあるように、日本軍が使っていた米軍敵視の表現も目立つ。だが、心情は日本軍のそれとは別である。阿波根にとっては米軍であろうが日本軍であろうが軍隊そのものが「鬼畜」だった。だから軍隊の本質である「暴力」を否定した。

規定には「人間性においては、生産者であるわれわれ農民の方が軍人に優っている自覚を堅持し、破壊者である軍人を教え導く心構えが大切であること」というくだりがある。阿波根は別の著書でも「同じ土にいろんな種を蒔《ま》くと、いろんな命を育ててくれる。命を育む土地を、人殺しの練習のためには使わせない」(伊江島通信第41号)と書く。阿波根が生涯をかけて守ろうとしたのは「沖縄」や「日本」ではなく「農民の土地」だった。

米民政府は1953年4月、土地収用令を公布し住民の所有する土地を軍事施設に使用するための強制収容を始めた。いわゆる「銃剣とブルドーザー」による接収である。最も激しい収奪が行われた伊江島では6割の土地が接収され農民の生活源が奪われた。阿波根は伊江島土地を守る会会長として反対運動の先頭に立った。農民らは陳情規定に従い、土地測量に来た米兵一人ひとりに「やめてください」と哀願した。断食、座り込みなど非暴力に徹する運動も展開したが埒が明かない。そして本島の琉球政府に窮状を訴えるために阿波根らが55年7月から始めたのが「乞食行進」だった。

那覇市の琉球政府前に集まった伊江島の農民らは「もう乞食になるしかない」と訴え、半年にわたって本島を練り歩いた。乞食は恥だが、それを強いた米軍はもっと恥ではないかという捨て身の行動だった。この風変わりな闘争は、同様に土地を接収された本島の農民を動かし、56年6月、土地代の一括払いと接収の正当性を強調した米民政府のプライス勧告をきっかけに全沖縄64市町村の8割で反接収の住民大会が開かれる「島ぐるみ闘争」に発展していく。

沖縄の各勢力が結束した取り組みは、真和志市（現・那覇市）長だった保守政治家、翁長助静《おながすけしず》を本土政府へ窮状を訴える代表団として送り込むなどまさに沖縄挙げての闘争となった。60年後、助静の息子・雄志が知事として「オール沖縄」を訴える原型がこの島ぐるみ闘争である。

一方で、本島には米軍による強制接収を恐れ、先んじて米軍との土地契約に応じる地区もあった。それが半世紀後に普天間飛行場の移設地とされた辺野古地区である。辺野古のある本島北部はこれといった産業がなく、住民にとっても悪くない話だった。その時に米軍に買収された土地には海兵隊キャンプ・シュワブ基地が建つ。地区編纂の「辺野古誌」は「（土地契約をしたことで全島）反対闘争の一角が崩され（中略）島民の非難を浴びせられた事はいうまでもない」と率直に記している。

だが米軍の切り崩しは他の地域ではほとんど効果を挙げなかった。島全体の闘争は徐々に米軍の譲歩を引き出し、伊江島では奪われた土地の58％が解放された。阿波根はその後残った接収地の解放に力を注ぐ一方で、革新団体による反米反基地闘争からは一定の距離を置いた。原点はあくまで農民の土地を守ることであり、身の丈以上の行動は原点を見失うという自制があったのだろう。

最晩年の2001年、阿波根が入院した沖縄協同病院にはたまたま瀬長亀次郎も入っていた。二人が共闘した記録はない。接点は56年8月に阿波根が伊江島の窮状を伝える書簡を瀬長に出した程度である。会話が不自由になっていた2人の闘士は目を見つめあい、静かに握手を交わしたという。

乞食行進

伊江島で土地を奪われた農民ら数十人は1955年7月21日に那覇市の琉球政府前からスタート。誤解を招かないよう事前に警察局長に趣旨を話して「乞食に立つ」と宣言。「住家がない　仕事もない　食糧もない　伊江島農民どうすればよいのでせう」などと書いたプラカードを掲げ、陳情を重ねながら南部の糸満から北部の辺戸《へど》まで本島をくまなく歩いた。同行者が残した記録には「七月二十四日　御同情金　四、三五六、三〇銭　御同情者　一八五名」などカンパの額や人数が記されている。行進は翌年2月まで続き、本島での島ぐるみ闘争につながった。

8

「一リットルの水も、一握りの砂も、一坪の土地もアメリカのものではない」

（瀬長亀次郎・沖縄人民党書記長＝1956年6月25日の那覇高校での演説）

大衆の鬱屈を言葉に

日本の民主主義は与えられた民主主義だという指摘をよく聞く。米国は独立戦争を経て、欧州は革命によって民主主義をかちとってきたが、日本の民主主義は連合国軍総司令部（GHQ）によって付与された既製品という意味だ。

だが政治家、いや社会運動家としての瀬長亀次郎（1907－2001）の足跡をたどると、この国にも自らの手で民主主義をかちとろうとした人がいたとの感慨がわいてくる。

瀬長の人生は青春期から抵抗と挫折の連続だった。旧制七高（鹿児島大学）では社会主義運動に参加したとして放校処分となり、就職した横浜市の会社では労働争議を指導して治安維持法違反に問われ3年間服役する。戦後、地元紙の記者、社長を務めるが、米軍の圧力で辞任。1952年の第1回立法院議員選挙で当選。ところが直後の琉球政府創立式典で独り宣誓を拒否し、米軍から「危険思想の人物」とみなされるに至る。

瀬長が若いころから社会主義的な思想に傾倒していたのは確かだが、それを彼の血肉に変えたのは戦前の思想弾圧であり、米統治下の軍の圧政であった。

瀬長らが結成した沖縄人民党は労働者を組織して強硬な反米活動を展開した。朝鮮戦争が始まり米軍の圧政が強まった1950年の9月13日、瀬長は群島知事選挙での立会演説会でこう話している。

「この瀬長ひとりが叫んだならば、50メートル先まで聞こえます。ここに集まった人々が声をそろえて叫んだならば、全那覇市民にまで聞こえます。沖縄70万県民が声をそろえて叫んだならば、太平洋の荒波を超えてワシントン政府を動かすことができます」。ユーモアを交えて民衆を鼓舞する瀬長節は評判を呼び、「瀬長が来る」というだけで会場はどこも満員になった。

そして56年、その年の暮れに迫った那覇市長選を目指していた瀬長の演説が冒頭に掲げたそれだ。瀬長はこう続けた。「空気は（アメリカ人に）我々がただで吸わせている。そのうえ、今回の新たな土地強奪である。我々は対米非服従運動を起こさねばならない」。銃剣とブルドーザーで私有地を強制接収する米軍を向こうに回し、沖縄人の権利をわかりやすく主張したこのせりふは、瞬く間に人口に膾炙《かいしゃ》した。

これらの演説は、文字にすると苛烈だが、瀬長が話すとその庶民的な風貌と相まって沖縄の人々の心に響いた。演説が終わると会場からは「カメジロー」と叫ぶ声が相次いだという。悲惨な沖縄戦から過酷な米軍統治。人々の心に溜まるもやもやした鬱屈を瀬長はわかりやすく具体的な言葉に変えた。彼の一番の持ち味は、大衆のぼんやりしたいら立ちを輪郭のある怒りに変換する力だった。

瀬長は那覇市長に当選するが、米軍の画策で不信任案が可決。それでも瀬長はめげずに市議会を解散し、選挙で自派の勢力拡大を果たす。その祝賀会で瀬長はこう挨拶した。「敗れた敵陣営の候補を、ガジュマルの木陰で休ませ、同じガジュマルになれと説得して民主主義を守り抜く体制をつくろう」

瀬長は「敵陣営」が敵ではないことをわかっていた。同じ沖縄人同士を争わせているのは米国であることを知っていた。瀬長が抵抗と挫折を重ねながら身をもって示したのは、権力がどのようなものなのかをあぶりだすことだった。

余談だが、瀬長の家は自身が人民党事件に連座して服役した沖縄刑務所のすぐ隣にあった。家は雑貨屋を営み、瀬長自身も店番をやった。家は米軍情報機関ＣＩＣに常時監視され、何も知らずに訪問した記者が翌日に当局から用向きを尋ねられることがしばしばあったという。米軍政にとって瀬長は最大の危険分子だったのだ。

没後まもなく20年。沖縄の女性音楽グループ「ネーネーズ」は「おしえてよ亀次郎」と舞台で歌い、佐古忠彦監督の映画『米軍《アメリカ》が最も恐れた男　その名は、カメジロー』（２０１７）は那覇市の映画館で長蛇の列をつくった。偶像化を危ぶむ声もあるが、そのブームが戦後75年を経ても変わらぬ基地支配の現状を映しているようにみえる。

沖縄人民党

1947年7月に石川市（現・うるま市）で瀬長亀次郎、兼次佐一らによって結成された左翼政党。米国の統治に反対し、労働者を組織化してストを先導するなどの闘争を展開したため米軍政、国民政府からしばしば弾圧を受けた。54年10月には域外退去を命じられた人民党員をかくまったとして党委員長で立法院議員だった瀬長が逮捕（人民党事件）され、2年近く服役した。68年の主席公選では屋良朝苗を支持。73年10月の党大会で日本共産党への組織合流を決議した。

9 「その事実と貴下の見解をお知らせ下されば私たちは米当局とこの問題について交渉します」

（ロジャー・Ｎ・ボールドウィン国際人権連盟議長＝１９５４年３月２日付の自由人権協会への書簡の抜粋）

「暗黒の島」に光当てた書簡

敗戦から１９５０年代前半までの沖縄は「暗黒の島」だった。それは米軍統治の過酷さという意味だけでなく、外部との交流が制限され本土の人々や海外からその実態が見えない状態が続いたからだ。

そこに初めて風穴を開けたのが55年1月13日付の朝日新聞報道だった。「米軍の『沖縄民政』を衝く」と題された記事は社会面のほぼすべてを埋め、沖縄で起きている米軍による土地の強制接収の実態を報じた。朝日は約１カ月にわたってキャンペーンを続け、本土の人々は初めて軍政下の沖縄の実情を知ることになる。

朝日報道の端緒は米国で人権団体を率いるロジャー・ボールドウィン（1884‐1981）が本土の弁護士らで構成する自由人権協会（東京）に宛てたこの書簡である。ボールドウィンが沖縄での軍政の異常さに気付いたのは54年1月、米誌『クリスチャン・センチュリー』で「沖縄住民に対してフェアプレーを」と題した那覇市在住の米宣教師の軍政批判投書を読んだのがきっかけだった。ボールドウィンは書簡の中で「沖縄で米当局が、一方的に決めた非常に低い代価で土地を強制買収し、その土地を非常に高い使用料を取って貸し付け、土着の地主たちを虐待しているという報道が米国内であります。貴協会には現地と連絡の方法があると思いますので、調査をお願いしたいと思います」と綴っている。

書簡を受け取った自由人権協会は10カ月の調査を行い、その結果を報じたのが朝日だった。暗黒の島で起きている米軍の圧政は米国人によって問題提起され、日本の民間団体とジャーナリズムによって明らかにされた。52年から那覇市に連絡事務所を置き、実態を知っていたはずの日本政府がそれまでに米国に善処を求めた形跡はない。

朝日報道の反響は大きかった。英仏の主要紙が「沖縄は極東のキプロス」などと大きく転電したほか、東京裁判を批判したインドのパル判事は「日本から要請があればいつでも応援に行く」との談話を発表した。「暗黒の島」は一通の書簡によって一気に世界の耳目を集めた。

慌てた米当局は、極東軍司令部が接収価格の妥当性などを記した長文の反論を発表。米政府の国家安全保障会議でも議論され、これが共産主義勢力に利用され米国の国益を損なう恐れがあるとの認識が共有された。

ボールドウィンは朝日報道から約1カ月後、米陸軍省幹部と会談し、土地接収や人権、賃金格差など沖縄の15項目の課題について対応を促す。一方で沖縄の統治そのものや基地問題について介入するつもりはなく、共産主義勢力の反米プロパガンダにもくみしないことも伝えた。ただ米軍の動きは鈍かった。軍用地問題については米下院軍事特別委員会分科委員会（プライス委員会）がまもなくその方向性を示すことになっており、軍はそれまで静観する方針だった。

だが、6月に公表されたプライス勧告には沖縄が反対していた土地代の一括払いや新規接収を是認し、沖縄の人々は全島で反対集会を開くなど猛反発する。一括払いは米軍による基地の無期限保持を意味していた。伝え聞いたボールドウィンは分科委員会委員長のメルビン・プライスに再考を促す一方、米国内のキリスト教団体や労働組合に共闘を呼び掛けるなど奔走する。

軍用地問題は結局、朝日報道から2年余り後に接収地の一部返還や買収価格の引き上げなど米当局から一定の譲歩を引き出し終息。一方ボールドウィンは59年8月、人権問題の調査のために沖縄を訪れ、主席公選の実施や自治権拡大などを求める詳細な調査報告書を公表するなど沖縄の課題解決への執念を見せ続けた。

米統治の強権と圧政は60年代も続き、ボールドウィンの求めた人権的な諸課題が解消に向かうのは結局返還後のことだった。しかし、彼が呼び起こした米国内や海外の世論が圧政に一定のブレーキを掛けるけん制機能を果たしたことは確かだろう。

ボールドウィンからの書簡を受け取った自由人権協会理事長の海野普吉は、朝日の紙面に「われわれの同胞に関することをアメリカ人から知らされたとは、いままでの無自覚が反省されて、むしろひけ目を感じたような気持だった」との談話を寄せている。そして当時の沖縄の人々もまた、1万2千キロ離れた海の向こうで自分たちの人権のために奮闘していた米国人がいたことをほとんど知らなかった。

プライス勧告

米下院軍事特別委員会分科委員会が1956年6月に公表した沖縄の軍用地問題に関する報告書。沖縄の立法院は54年4月に「土地を守る4原則」(一括払い反対、適正補償、損害賠償、新規接収の反対)を決議し、米民政府に求めていた。プライス議員率いる議会調査団は55年10月に沖縄でこの問題を実地調査し、土地代の一括払いや新規接収の必要性などを説く報告書を作成した。これに怒った沖縄の人々は4原則貫徹を掲げ、島ぐるみ闘争へとつながっていく。

10
「そして神よ、これが沖縄にとって最後の高等弁務官になりますように」

（平良修・牧師＝1966年11月2日に行われたF・アンガー米高等弁務官の就任式での祝福の祈り）

米国で目覚めた牧師の反逆

それは突然のことだった。第5代の高等弁務官として赴任したフェルディナンド・アンガーの就任式。最初に演台に立ったのは牧師の平良《たいら》修《おさむ》（1931－）である。英語で書かれた手元の原稿を見ながら祈りの言葉を話し始めた平良は、途中で「戦争の脅威の結果、沖縄は祖国から切り離されていますが、願わくば一日も早く世界に平和が訪れますように」と語る。そして次に出てきたせりふがこれだった。

その時の映像がないので会場の雰囲気はわからないが、式典の主役は新しい高等弁務官。その主役に向かって「あなたが最後であってほしい」とは冷水を浴びせるような言葉である。場が凍り付いたことは想像に難くない。平良はその後もこう続けている。「神よ、沖縄にはあなたの一人子、イエスキリストが命をかけて愛しておられる百万の市民がおります。高等弁務官をして、これら市民の人権の尊厳の前に深く頭を垂れさせてください」

その場での非難はなかったが、平良を招いた米民政府幹部は恥をかかされたことになる。外電で世界に伝わり、米国の新聞は牧師が政治と宗教の二股をかけたと批判した。ところが地元2紙は当時、この歴史的な発言をほとんど報じていない。就任式の本記では触れず、琉球新報が翌日の「人」の欄で平良を取り上げてこの言葉を伝えた程度だ。就任式に当てて県内の大手企業20社以上から広告をもらい、社会面でも「ようこそアンガーさん」(琉球新報)などと歓迎の見出しをつけた手前、扱いづらかったのだろう。このあたりは米民政府と地元メディアの微妙な関係性がうかがえる。

平良は2013年12月にNHK教育テレビの「こころの時代」の中で、「私ははっきりとイエスキリストの道に自分を立つと、権力者の道には立たないと。(中略)軍事力をもって沖縄を統治しようとする権威の在り方に対しては、私ははっきりと否を称えますと。ある意味では背水の陣を敷いたようなところがありました」と語っている。覚悟の発言だったのだ。

宮古島生まれの平良は高校時代に洗礼を受けて入信。戦後の52年には米軍の教会の支援を受けて東京神学大学に進み、65年には米国にも留学した。そこに大きな転機があった。当時の米国は公民権運動の絶頂期。黒人たちが歌う讃美歌をアレンジしたゴスペルソング「誰も知らない私の悩み」に平良は心打たれる。「自分の苦しみを知ってくれと訴えている激しい歌が、沖縄でも歌われていた。それは私の耳に届いていなかった」。そんな状況で沖縄で牧師ができるのか、という自省だった。

もう一つ平良を揺さぶったのは現地で見た黒人解放指導者マーティン・ルーサー・キング牧師の過激さだ。「でも破壊のための過激じゃない。創るため、築くための愛するが故の過激な行動だった」。平良にはこれまでの伝道を主とした教会活動が狭く見えた。それは「自分たちの信仰の狭さ」であり、「人間を大事にするという最高のスタンダード」が牧師の業だと悟った。高等弁務官就任式に出席を依頼されたのは、そうした回心を経た矢先のことだった。

米側からみれば、皮肉にも自国で〝教育〟した牧師に手をかまれたようなものだが、３年後には平良の祈りなどなかったかのように6代目の高等弁務官を送り出している。

「最後の高等弁務官に」と祈った平良の願いは当然ながら本土復帰だった。「米軍支配から解放され、平和憲法の日本に戻る」ことが「沖縄の正常な姿」だと信じてきた。だが、復帰後の変わらぬ米軍基地の存在は平良を失望させ、考えを改める。名刺の住所には「沖縄・佐敷町」と「県」を入れない。基地の重圧を押しつけた代償としての「県」を認めるのは「魂まで平定されたことになるから」と言う。平良と同い年で、後述する詩人の新川明も沖縄を日本の行政区域として認めず、「沖縄県」という呼称を使っていない。

平良は最近まで辺野古新基地に抵抗するため現地に通っていた。普天間飛行場の大山ゲート前でも早朝から「You are not good neighbors !」の垂れ幕を持った平良の姿があった。教団内にはそんな姿を訝《いぶか》しくみる人もいるという。今年89歳。「背水の陣」は今も続いている。

沖縄の信仰

沖縄では仏教やキリスト教などの主要な宗教はあまり浸透しておらず、先祖崇拝や沖縄特有の自然崇拝が受け継がれている。集落には、神々が降りてくるとされる御嶽《うたき》がある。御嶽の形はさまざまで、小高い丘や森の中にコンクリートなどで作った拝所があり、線香や供え物をして祈願する。基本的に男性は立ち入れないところが多い。祭司、お告げや占いをする巫者はユタ（巫女）と呼ばれ、修行を積んで認められる。農耕儀礼の司祭者のノロ（神女）は代々血縁。

11

「日本が沖縄県民の福祉向上のために予算措置を講ずることぐらいは、差しつかえないじゃないか」

（岸信介首相＝1957年6月20日のダレス米国務長官への発言〜『岸信介回顧録—保守合同と安保改定』から）

「昭和の妖怪」の意外な情熱

岸信介（1896－1987）は言うまでもなく安倍晋三首相の祖父である。憲法改正や安全保障の強化など政策的にも祖父の系譜を継いでいるようだが、米国への物言いは対照的だ。そして沖縄問題についても情熱を傾ける方向が異なっている。

岸がドワイト・アイゼンハワー大統領の訪米招請を受け、駐日大使ダグラス・マッカーサー2世と事前協議した際に示した提案事項には、安保改定と並んで沖縄問題があった。具体的には「10年後のアメリカの権利放棄への同意」と「日本の政府機関による当座の機能行使の許可」である。さらに添付資料では「米国が沖縄住民は本来の日本国民とは異なった特別の種族であるとみているならば、これは重大な誤り」と指摘している。

そして実際の首脳会談でも米側と激しいやりとりを交わした。この発言は岸が共同声明の文案作成に当たって、同席したダレス国務長官にぶつけた言葉である。米国は当時、統治下にある沖縄に日本政府の行政が及ぶことを拒否していた。終戦後の歴代内閣は世論を意識して国内向けには沖縄や小笠原の返還、日本政府による予算支援を訴えてはいたが、米政権に直言したのは岸が初めてだった。

これに対しダレスは猛烈に反論する。「沖縄の行政権は米国が持っている。日本が沖縄について不満があるなら米国に言うべきで、直接沖縄に手出しや口出しをしては困る」。岸もさらに言葉を重ねる。「沖縄の住民は日本国民なのだ」「同じ日本国民の運命に無関心ではいられない」。激しい応酬を黙って聞いていたアイゼンハワーは最後にこう言って議論を収めた。「法律的にはダレス長官の言うとおりだが、岸総理も国内での立場があることと思われるので、この問題はあまりカドが立たない表現がないかどうか研究してほしい」

そして発表された共同声明では、沖縄問題が初めて取り上げられた。「総理大臣は、琉球及び小笠原諸島に対する施政権の日本への返還についての日本国民の強い希望を強調した。大統領は、日本がこれらの諸島に対する潜在的主権を有するという合衆国の立場を再確認した」。日本の潜在的主権は講和条約交渉の際に米英が認めたとされるが、米国が公式文書で認めたのはこれが初めてだった。

岸が示した沖縄へのこだわりはこれだけではない。安保改定と沖縄主権の問題がメインだったこの会談で、本土からの基地移駐で始まった軍用地問題についても岸は問題提起していた。これは事前準備をしてきた外務省にとっても想定外のことだった。岸は会談でこう述べている。「土地問題は重要である。沖縄は狭く、たとえ補償がなされたとしても、（中略）住民は他の土地を手に入れることができない。なぜなら、土地がないからである。したがって、沖縄住民は日本の他の地域の住民よりもみずからの土地に対して強い愛着を持っている」

岸はこのように沖縄の事情を説明した後、具体的な対応策まで提起している。一つは日米両国の議員で構成する合同委員会を立ち上げて軍用地問題を調査すること。もう一つはこの調査がなされるまで米国は土地の新規接収を見合わせること。結局、これらの提案は米側に拒否されるが、アイゼンハワーら米政府首脳がこれ以降、沖縄での米軍当局の圧政に無関心でいられなくなったことはその後の史実が証明している。

研究者の中には、日米会談後、岸は沖縄返還に向けて具体的な取り組みをしていないとの指摘もある。ただ主権や軍用地問題を語る言葉には、国民や沖縄住民の声を代弁しようという必死さがうかがえる。「昭和の妖怪」と揶揄《やゆ》され、昭和史の中でその功罪に評価が分かれる岸だが、あの時代に、米国にとって苦い話を率直に伝えられる稀有な政治家であったことは確かだろう。

本土から沖縄への基地移駐

本土では１９５２年に石川県で試射場建設に反対する内灘闘争、55年に東京都の立川基地拡張に抗議する砂川闘争が起きた。これらは反戦平和運動というよりも、騒音や米兵による事件多発が招いた社会問題だった。57年には群馬県の相馬原《そうまがはら》演習場内で薬莢《やっきょう》を拾っていた女性が射殺されるジラード事件が起き、本土での反基地感情が一気に高まった。極東軍備の再配置を検討していた米軍は、これを契機に本土の海兵隊の全面撤収を決め、山梨、岐阜などにあった米海兵隊部隊は米統治下で日本国憲法が適用されない沖縄に次々と移されて、土地の強制接収が加速した。これが今日の辺野古新基地建設問題の起点である。米海兵隊は地政学的必要性から沖縄に配備されていたのではなく、本土での基地反対運動という政治的事情で沖縄へ移駐してきたわけだ。52年の旧安保発効から60年の安保改定までに、本土の米軍基地は４分の１に減少し、沖縄の基地は２倍に増えている。

12 「私たちはもう黙っていてはいけないのです」

（仲宗根郁子・沖縄婦人連合会会長＝１９６９年発行の機関誌「季刊　婦連会報」から）

米軍と男社会の狭間で

南国の女性はよく働く。それは那覇国際通りの牧志公設市場に行けばよくわかる。そこで大声をあげて切り盛りし、客をさばくのはほとんどイナグ（女性）たち。さすが日本で最初の女性参政権が施行（１９４５年９月）された先進地（復帰前であるが）だと思うのだが、沖縄の女性が目立つのは商売やエンタテイメントの世界。こと政治の世界では沖縄は本土に比べ大きく後れを取った。

沖縄婦人連合会が設立されたのは１９４８年12月。沖縄戦に駆り出された働き盛りの男性の多くが戦死したり捕虜となったりしたため、地域社会の担い手は残された女性たちだった。その相互扶助を目的に立ち上げられたのが沖婦連である。その設立趣意には「政党およびその他の政治団体ならびに宗教団体に屈せず自主独立の法人」とあり、中立団体であることが強調されている。これは当時の米軍政の監視の目、それに「女は家にいるべし」という沖縄の男社会の目線も意識したものだった。

当初の活動は当然ながら配給米改善など生活に根差した請願が主だったが、その性格が変わり始めるのは50年代半ばの島ぐるみ闘争がきっかけである。当時の沖婦連会長の竹野光子が集会の演壇に立ち、土地の強制接収に抗議した。農地を奪われては生活していけない。沖婦連としてはそれも「生活に根差した活動」だった。だが米軍政は黙っていなかった。沖婦連が運営費づくりで手掛けていたボーイスカウトの制服縫製を差し止め、竹野会長の夫が経営する沖縄製糖への融資打ち切りまで示唆してきた。竹野会長はやむなく辞任する。

彼女たちが再び立ち上がるのは60年代半ば、本土復帰運動が党派を超えて盛り上がりを見せ始めたときだ。沖婦連内には当時、女性の働く権利や生活の安定などの諸要求を果たすには本土復帰以外にないという意見と、あくまで地道な生活要求に徹すべきだという意見があった。その中で開かれたのが66年4月、那覇市内の小学校校庭での祖国復帰要求県民総決起大会だった。大会は労組動員が大半を占めたそれまでと違い、家族連れや女性の姿が目立ち復帰運動の底辺の広がりを感じさせた。その直前に沖婦連会長に就任したばかりの仲宗根郁子（１９０６－没年不詳）は、これに意を強くして一気に復帰運動にのめりこんでいく。

仲宗根は沖縄戦で夫を失い、９人の子供と夫の両親を本島北部の羽地村《はねじそん》（現・名護市）で農業を営み養った。近所では「男のような仕事をする」と評判の働き者だったが、夫同士が沖縄製糖の社員だった関係で知り合った竹野会長の誘いで沖婦連に入った。そこで一瀉千里、虐げられてきた女性の生活環境改善に向けて走り出す。その主眼はやはり本土に復帰することで根こそぎ生活の土台を変えることだった。

　仲宗根は67年９月、教職員婦人会部会など県内の12の女性団体に呼び掛けて糾合した沖縄婦人団体連絡協議会を結成。68年１月には来沖した田中龍夫総務長官に無条件の本土復帰など10項目の要求書を手渡した。沖縄の女性たちが米軍や男社会の圧力を打ち破った瞬間だった。それを端的に表すのが冒頭の仲宗根の言葉である。

　仲宗根は、この中で米軍基地に配備された爆撃機Ｂ―52の撤去、さらに原子力潜水艦の寄港阻止という具体的な目標を掲げた。機関誌の中では、戦後四半世紀の鬱憤《うっぷん》を晴らすように激しい言葉が並ぶ。

「戦争の苦難を体験し、戦争が罪悪であることを痛感させられた私たちは、十年前すでに世界平和をスローガンにかかげ、基地反対や復帰運動に参加いたしました。ところが当時婦連に対し、かなりの圧力がありましたが、今にしてみれば全くナンセンスな話ではありませんか」「生命と生活をおびやかす基地公害に反対し、祖国復帰の早期実現と、世界平和のために婦人の総意と総力を結集しようではありませんか」

　この時代、仲宗根ら沖縄の女性たちが闊達にものを言えるようになった背景には68年11月の主席公選があった。当時の有権者数は男性が23万５２９９人に対し女性は27万９９４７人で、女性の方が４万４千人ほど多い。与野党ともにねらい目は女性票。男社会の沖縄政界にあっても、女性の口をふさぐということ自体が自滅を意味していたのである。

本土女性団体との交流

1961年には参院議員の市川房江らが沖縄を訪れ沖婦連会員らと売春防止法の立法や女性議員の選出などについて議論を交わした。64年には社会党使節団、67年には民社党議員団とも懇談し、本土で先行解決した課題の克服策などを話し合っている。一方、66年に沖縄の実態を調査した自治省幹部は女性運動について①地縁血縁が強く横の連帯がない②工業化が進まないと市民意識が身につかない③理論的な指導層が薄い――などの課題を挙げた。

第3章

本土復帰の騒乱

1

「戸籍のない子供は肩身の狭い浮浪児であると存ずるのであります。そのような境遇の子がはたして素直順調に成育してまいりましょうか」

（屋良朝苗・琉球政府主席＝1953年2月19日、衆院文部委員会参考人演説）

早期復帰に執着の真意は

これは屋良《やら》朝苗《ちょうびょう》（1902－97）が米統治下の最後の行政主席になる15年前、沖縄戦災校舎復興促進期成会会長として国会演説したときの言葉である。屋良が残した多くの言葉の中からこれを選んだのは、彼の政治活動、とりわけ本土復帰への情熱がここに凝縮されていると考えたからだ。

屋良は戦後の沖縄を代表する革新系政治家だが、人生の大半を教育者として過ごしている。30年に広島高等師範学校（広島大学）を卒業、沖縄県立女子師範学校、台北第一師範学校などで教鞭を執った。戦後は琉球政府の文教部長（文科相に相当）を経て52年12月、戦争で壊滅した沖縄の教育施設復興に向けて期成会を立ち上げ、資金を募るための全国行脚を開始する。この国会演説はその行脚の途中で行われたものだ。

屋良の言う「戸籍のない子供」というのは、日本人として扱われない沖縄の子供たちを指している。10分近くの演説で屋良は「日本人として祖国の児童生徒と同一の基礎や立場に立って教育を施していきたい」「伸び行く子供たちを一日も早く本然の姿において育て、素直な成長に空白を残さないように熱願している」と言葉を重ねるが、期成会の本来の趣旨である校舎再建のための資金支援については触れていない。つまり屋良の主張は、子供たちの教育のために本土復帰を早期に実現してほしいという一点に尽きるのだった。

後年、政治家になっても屋良はこの姿勢を貫いた。沖縄反米闘争の総決算とされた69年の「二・四ゼネスト」も「復帰を遅らせる」として中止させた。屋良を支持した革新陣営の中には米軍基地を残したままの復帰に反対する声も強かったが、屋良は最終的に妥協する。陣営からは日和見主義だとして離反するものも出た。「なぜ、そこまで早期復帰にこだわるのか」と詰め寄る側近もいだが、屋良は「激しくやると歯が折れる」と言葉少なに語るだけだったという。

それは、子供たちに本土並みの教育を受けさせることこそが政治家としての屋良の原点だったからだ。しかし、それをずばり言うと、寄り合い所帯である革新陣営がかえってばらばらになりかねない。陣営の急進的なグループが求めた「安保廃棄・基地撤去」というスローガンを「安保反対・

基地反対」に弱めたのも、早期復帰が子供たちのためになるとの思いがあったと考えれば理解できる。

71年秋に衆院特別委で審議された沖縄返還協定をめぐっては、琉球政府職員や地元の学識経験者らが「沖縄の意見がまったく反映されてない」として基地問題や振興策をまとめた132ページの建議書を作成。屋良は11月17日にこれを携えて上京したが、羽田空港に降り立つ頃に協定案は強行採決された。屋良は「最後の訴えも聞かずに強硬手段をとったのは言語道断」と憤激をあらわにした談話を発表した。ところがその半年後、72年5月の沖縄返還式典では支持者らが反対する中、佐藤栄作首相らとともに「天皇陛下万歳」を三唱している。

同じ革新陣営でも屋良は瀬長亀次郎とは違って、あくまでリアリズムの人であった。いや、そういうレベルを超えて、屋良の目標はあくまで子どもたちのための早期復帰であって、「革新」の旗は目標達成のための便宜的な〝装い〟ではなかったかとさえ思えてくる。

保守の人脈も幅広かった。沖縄担当相を3期連続務めた山中貞則とは特に昵懇《じっこん》だった。かつて教師をした台湾師範学校が山中の母校だった縁もあるが、国士といわれた山中に、革新陣営にはない情の深さをみていたのかもしれない。晩年、病気で倒れた屋良は入院中に妻から山中に連絡させ、見舞いに来させている。

沖縄県公文書館は屋良が53年から85年まで書き綴った126冊の日記とメモ帖類を保管し、順次公開している。その中には「にない切れない課題を背負っている」「余りにも荷は重し」「（私は）時代の人柱」などとあり、純朴な教育者が政治家になった苦悩が刻まれている。

沖縄教職員会

１９５２年に設立され屋良朝苗が初代会長を務めたこの組織は、現在の沖縄県教職員組合（沖教組）の前身ではあるが、当時は労組ではなく左派系組織でもなかった。校長など管理職も網羅する職能団体であり、沖縄県護国神社の再建を目指すような運動にも取り組んでいた。戦災校舎復興と祖国復帰を２大目標とした。「小指の痛みは全身の痛み」と国会で沖縄問題を激しく訴えた参院議員の喜屋武真栄は、若い頃に屋良に見出されて教職員会会長を務め、屋良とともに全国行脚に出て空手八段の模範演技を各地で披露した。

2 「戦後沖縄における『祖国復帰』運動は、まさしくその虚妄を幻想するところから出発し」

（新川明・詩人、沖縄タイムス社長＝「『非国民』の思想と論理」～1970年11月発刊の『沖縄の思想』谷川健一編から）

かき消された「反復帰」の理想

沖縄返還が近づく中、屋良朝苗を中心とした革新陣営の早期返還論に異を唱え「反復帰」を掲げたのが琉球大学の文芸誌「琉大文学」の創刊者であり、地元紙沖縄タイムスで編集局長、社長を務めた新川明（1931－）だった。掲げた言葉は「反復帰」論のごく一部。文章はこの後こう続く。やや長文ではあるが、復帰運動に対する新川の冷めた視点が凝縮されているので引用する。

「しかも運動を組織する側では、『血は水よりも濃い』という形の心情的ナショナリズムを煽りたてることとあわせて、『とにかく日本に復帰すれば憲法によって人権は守られ、生活は保障される。すべてはよくなるのだ』という、超論理的な日本（本土）ユートピア論をもってバラ色の夢を描くことで、一面において素朴なナショナリストであり、一面においてエゴイスティックな功利主義者でもある民衆の心情を集束してきたものであった。そしてその中心的役割りを担ってきたのが、ほかでもなく屋良朝苗を会長とする沖縄教職員会であった」

新川には19年夏、２時間にわたり話を聞いた。なぜ反復帰なのか。新川は復帰とは「日本と同化すること」だと言う。それに対し「反復帰」論とは「人間にとっての『豊かさ』を国家にすり寄ることで獲得しようと考える精神に対置する思想」と定義する。

新川は60年前後に沖縄タイムスの記者として大阪支社で勤務している。それまでは新川にとっても戦争放棄、国民主権をうたった日本国憲法を持つ本土はユートピアにみえた。しかしその幻想は「その現実に足を踏み入れたことで体験的に消滅」した。革新陣営の60年安保闘争が沖縄の問題を全く素通りしていたためだ。

大阪から帰って一年余り後、新川は八重山支局（石垣島）勤務を命じられる。ここで新川は琉球列島の土着文化に触れ、その奥義にのめりこんでいく。祭祀歌謡や沖縄芝居など離島に残された精神世界は、それまでの沖縄から東京をみる「上向きの視線」ではなく、「石垣島に足場を築きながらさらに周辺離島へと下降することで自らの生存の基盤を確かめたいと希う〝下向きの視線〟」を詩人の内側に築いていった。

そして5年後、返還闘争真っただ中の沖縄本島に戻り、本土を依然としてユートピアとみる沖縄の運動に強い違和感を抱いていく。特に沖縄の各政党が保革を問わず固執した沖縄の国政参加、つまり沖縄県民の国政選挙権について新川は「『安保復帰』といわれる『返還』のあり方、その意味するところと深く結びついた、状況を先取りした体制側の復帰体制づくりの地均し」であると厳しく否定した。

よく誤解されることだが、反復帰論は沖縄独立論ではない。新川の言説の根っこには、国家権力に対する強い拒否反応がある。新川にとって「地域の歴史や文化、属性などを丸ごと飲み込んで平準化していく暴力的な存在」が国家だった。沖縄には昔から日本本土とは異なる明確な異質性があり、それこそが「日本と等質化をねがう日本志向の『復帰』思想を根底のところから打ち砕き得る沖縄土着の、強靱な思想的可能性を秘めた豊饒な土壌」なのだと指摘する。

そして本土と連帯した「反戦復帰」論を「平和で美しい独立国『日本』などわたしたちにとってどうでもよいことであり、日本国の平和的な存立ということを、沖縄のたたかいの目的にされてしまうことなど、真っ平御免蒙《ごめんこうむ》らねばならないことなのだ」と切って捨てている。その思いを表すように復帰以降、新川の名刺には「沖縄・西原町」と「県」が入っていない。

当時、所属していた沖縄タイムスは早期復帰を社論として掲げていたが、編集委員だった新川はかまわず持論を紙面で展開し、同紙もそれを拒むことなく掲載した。「おおらかだった」と新川は言う。胆力と自由の気風が記者や新聞社にあったのが沖縄だった。

親交のあった大江健三郎は新川を称して「畏怖《いふ》の思いをおこさせる」と高く評価した。詩人の川満信一をはじめ新川とともに反復帰を唱えた知識人も少なくなかった。だが新川らの思いは観念論あるいは理想に過ぎるとの批判もあり、圧倒的な本土復帰の声の中でかき消されていった。

その時から半世紀。沖縄では本土復帰当時を知らない世代が県民投票を主導し、新基地建設という国家の権力行使への異議申し立てが広がる。「日本本土に組み込まれていくことに、どれほどの覚悟があったのか」。今年89歳になる新川はいまも問い続けている。

琉大文学

新川明、川満信一らが琉球大学在学中の1953年7月に始めた琉大文芸部の機関誌。発行部数は500部程度。掲載作品は、沖縄の政治状況を視界に入れつつ著作者自身の葛藤を描き出す小説、詩歌が多く、既存の小説家に対し批評精神の欠落を指摘する評論なども話題になった。米統治への懐疑や抵抗を主潮としていたために、米軍が琉大当局に圧力をかけ、56年3月に発禁処分となるなど曲折を重ねたが、78年12月まで計34号を発行した。

3 「基地がなくなるようなことになったら、戦前のようにイモを食い、ハダシで歩く生活に逆戻りする」

（西銘順治・沖縄自民党総裁＝1968年秋の嘉手納村長選挙での応援演説）

「イモハダシ」論の不幸な結末

西銘順《にしめ》治《じゅんじ》（1921－2001）は1968年11月の主席公選で屋良朝苗に敗れた。この言葉は公選の前哨戦とされた嘉手納村長選挙の際に、西銘が保守系候補応援のために行った演説の一節の要旨である。西銘はこれを幼い頃に母親が言っていたこととして話しているが、後述するように米民政府高官の演説を引用したとも言われており出所は定かではない。

革新陣営はこの発言を激しく追及。当時、那覇市長だった西銘は市議会で「これは例え話だ。まさか今頃日本に返ってイモを食べることはない」「私が言いたいのは、（中略）もう元の沖縄県になってはならぬぞ、立派な県になるような体制をつくりあげようじゃないか、と言っているのだ」と抗弁したが、この「イモハダシ」論はたちまち県内に広まった。

それまで米民政府による任命制だった沖縄の行政主席は、この選挙で初めて公選制に切り替わった。沖縄自民党を中心とした保守陣営は「基地の段階的返還と本土政府との協調」を訴え、那覇市長で同党総裁の西銘を擁立。社会大衆党、共産党などの革新共闘は「無条件での即時本土復帰」をスローガンに屋良を立てた。

投票半年前の時点での予想は五分五分。屋良陣営には作家の大江健三郎が、西銘陣営には石原慎太郎がそれぞれ応援に駆け付けた。米民政府は表向き中立を装ったが、屋良の当選を恐れてさまざまな工作を試みる。

２０１０年に公開された外交文書によると、日米両政府は主席公選の半年前の5月から東京で秘密裡に西銘支援策を協議していた。日本側は総理府特別地域連絡局長の山野幸吉、米側は国務省日本部長のリチャード・シュナイダーである。山野は戦略爆撃機B―52の撤去、国政参加に関する日米間の合意、琉球政府の自治権拡大に関する米側の立場表明などがあれば西銘が勝てると述べた。米側は主席公選が「基地に対する地元住民の黙従を維持し、琉球の日本への復帰運動が制御不能に陥らないようにするという点で、米国にとって非常に重要」と指摘し、本国に持ち帰って具体策を検討するとした。そして米政府は①国政参加を求める「西銘案」を投票日直前に米側が容認②軍用機B―52の撤去検討など基地政策の一部見直し③本土自民党からの選挙資金送金方法の円滑化―などを打ち出し、西銘主席実現に向けて全面支援に乗り出す。本土自民党は88万ドル、米民政府は立法院議員選挙と合わせて30万ドルを投入した。

これらは西銘支援というより急進的な反基地反米闘争を展開する革新勢力に対する日米両政府合作の〝沖縄防衛策〟だった。外交史料館所蔵の「日米協議委員会次回会議に関する在京米大使館の非公式協議」（68年6月7日）には「本件（西銘案）実現の暁には、あたかもそれが西銘氏個人によるところが大なるが如き印象を外部に与えるよう取り運ぶ必要がある」との記述がある。西銘は日米両政府のシナリオに乗って動かされていたのだ。

西銘が嘉手納村長選で「イモハダシ」論を口にしたのはまさにこのさなかだった。革新陣営は「沖縄住民への侮辱だ」「復帰に反対しているとしか思えない」と攻勢を強め、情勢は徐々に屋良有利に傾き始める。そして劣勢を跳ね返せないまま、西銘は20万６２０９票対23万７６４３票で敗れてしまう。

陣営からは西銘の軽率な発言が敗因の一つとの指摘もあったが、もともとは8月にフェルディナンド・アンガー高等弁務官が在沖米人商議所主催の昼食会で同様の例え話をしており、これをなぞったものとの指摘もある。ただし、その例えはともかく中身自体は西銘の揺るがぬ持論でもあった。経済的な自立ができていない状態で本土復帰しても県民は窮乏するから、もうしばらくは基地経済に依存するのが現実的だという考え方である。西銘は自身の政策論を包み隠さず明らかにしようとした。そこには、日米両政府の振り付けが進む中でシナリオ通りに動くことを潔しとしないという意地さえうかがえる。ただ西銘なりの沖縄への思いが「イモハダシ」という表層の言質に置き換えられ、真意が置き去りにされたのは不幸だった。加えて日米両政府のなりふり構わぬ支援が西銘のイメージをゆがめたことも響いた。

当時の日本政府沖縄事務所の選挙総括によると、県民は米支配からの脱却を何よりも望んでおり、本土の自民党が一部に復帰反対論者を含む沖縄自民党を支援したこと自体が敗因だとしている。

屋良と西銘はかつて沖縄二中で教師と生徒の関係だった。西銘はその後、東大から外務省に入ったが半年で退職して沖縄に帰郷。社会大衆党の結党メンバーの一人として革新の立場から郷土再建の理想を語っていた時期もあった。その後、政治活動から離れ、琉球政府の経済局長など行政畑に進むが、この経験が屋良とは違った意味のリアリズムをもたらしたのかもしれない。西銘が衆院議員を経てようやく知事の座を射止め、初の沖縄保守県政を実現するのは10年後の78年12月のことだ。

沖縄初の芥川賞作家である大城立裕《たつひろ》は２人をこう評した。「屋良は日本人になる目標にまっすぐ突き進んだ人。西銘はヤマトンチュになろうとしてなり切れない心を抱えつつ、自民党に従う葛藤を生きた人」

高等弁務官資金

米民政府の支出のうち高等弁務官が自由に使える資金。主に主席公選、立法院選挙などの際に親米派に有利になるよう配られ、支持候補を通じて公民館建設などに使われた。米民政府の予算に当たる一般資金収入は、米国本土からの直接援助ではなく、琉球開発金融公社、琉球電力公社、琉球水道公社、油脂分配基金の４事業収入でほぼ賄われている。つまり高等弁務官資金も沖縄住民から吸い上げたカネが特定の候補に利するように使われていたことになる。

4

「琉球共和国を建設し、日米の共同支配を廃絶し、一切の権力を琉球人民が手にする」

（野底武彦・沖縄独立論者＝1968年10月に掲げた「重点政策」から）

半世紀前の泡沫の叫び

屋良朝苗と西銘順治が接戦を演じた第一回の主席公選には、もう一人の立候補者がいた。那覇市内で公認会計士を営む野底《のそこ》武彦《たけひこ》（１９２８－２００７）である。全く無名の泡沫候補が訴えたのは沖縄の独立。獲得した票はわずか２７９票。だが当時一顧だにされなかった彼の主張は半世紀を経た今日、不思議な訴求力を持ち始めている。

野底が立候補を思い立ったのは、屋良と西銘の保革対決が固まりメディアの事前報道が過熱していたころだった。「毎日の新聞を読んでいると、住民の意志を確認せず、革新はもとより、保守も日本復帰一筋に突き進んでいる。その沖縄社会を見ていると不安と憤りを感じて立候補した。（中略）みんながみんな諸手を挙げて復帰に賛成ではないことを示したかった」。後に野底は地元ジャーナリストの取材にこう答えている。

屋良は早期復帰を、西銘は屋良ほど急いではいないがやはり復帰を唱えていた。つまり保革対立の構図の中で本土復帰以外の選択肢は見いだせなかった。沖縄の民意も、苦難の根底には米国の支配があり日本に復帰さえすれば問題は解決するという単線的な思考が支配していた。保革の対立は、その復帰の仕方、つまり米軍基地や日米安保を容認するか否かの違いだった。

野底は与那国島生まれ。戦後、東京に出て沖縄の学生寮「南灯寮」から法政大学に通った。当時、南灯寮には西銘もいて親しく交流したという。経済学を学んだ野底は在学中に難関の公認会計士試験に合格するが、東京での生活は沖縄からみていた「祖国」の幻想を打ち砕いた。野底は後に「腐敗し切った日本の社会制度に耐えられなかった」と言い、金権腐敗の政治や信用できない裁判などを批判している。本土不信に至らしめた具体的な事柄については言及していないが、復帰論に終始する沖縄の世論に対し、本土で過ごした体験から強い危機感を抱いた点は前述の新川明と共通する。

保革一騎打ちの中での立候補だから「選挙の勝敗など問題にしていなかった」。復帰一色の沖縄世論に警句を発することだけが目的だった。その思いが本物であることは、立会演説会のくじ引きに賭けたというやや滑稽な逸話によく表れている。３人の候補者の演説はくじ引きで順番を決めるが、泡沫の野底が３番手になると聴衆は帰ってしまう。所詮は運任せなのだが、野底は「何としても１番か２番を引きたかった」と知人に語ったという。

訴える政策は突飛だが、勉強の成果もみてとれる。独立してどうやって食っていくのかとの問いには、尖閣諸島の海底石油資源を開発して独立国の財源にすると答えている。半世紀前に尖閣の海底資源を知る人はそう多くない。独自通貨の発行も笑いのネタにされたが、これは当時現地調査した日銀理事らが沖縄の経済振興のために指摘した構想と同じだった。

それでも野底の選挙活動を支援してくれる支持者は5人ほど。急ごしらえの選挙カーは保革の候補者とは比べ物にならないくらい貧弱で街頭での個人演説を聴く人はほとんどいなかった。地元2紙の紙面も「屋良対西銘」に終始し、野底の訴えはまったくと言っていいほど有権者に伝わらなかった。

惨敗した野底はその後、琉球政府の元エリート官僚、崎間敏勝とともに琉球独立党（現・かりゆしクラブ）を設立するが、70年代後半以降は「体制にはいかんともしがたい。逆らえば生活にも響いてくる」として事実上、政治活動から退いた。しかし、彼の訴えはその後も脈々と沖縄の地で引き継がれる。党首を継いだ崎間は71年の参院選で2637票を獲得。その後継である屋良朝助は2006年の県知事選で6220票まで票を伸ばした。15年の琉球新報の世論調査では、「独立すべき」が8・4％、「日本の特別自治州などにすべき」が21・0％に上った。

日本は本当に自分たちの「祖国」なのか——。半世紀前に発した泡沫候補の叫びは、本土政府の治世をみてきた沖縄の人々の間に少しずつ地下茎を広げているようにみえる。

沖縄独立論

戦後、沖縄では米軍を「解放軍」と捉える風潮も一部にあったが、軍用地接収などの圧政でそれが幻想であったとの認識がすぐに共有され、民主的な日本国憲法の公布もあって一転して本土復帰への期待が広がった。この間、戦前からの政治家で沖縄諮詢会のメンバーでもあった仲宗根源和が1947年6月に沖縄戦後初の政党である沖縄民主同盟を結成、自由主義国家としての「琉球独立論」を提唱するなど、沖縄の独立を主張する勢力は少数ながら常に存在した。学者では龍谷大経済学部教授の松島泰勝が「琉球」の独立を唱える著書を発刊している。地元紙や琉球大学などが不定期に実施している県民世論調査では「独立すべき」との回答が多い時で2割強、少ない時で3％弱とその時々の政治環境や社会情勢で振れがある。

5 「私は沖縄の祖国復帰が実現しない限り、わが国にとって『戦後』が終わっていないことをよく承知しております」

（佐藤栄作首相＝1965年8月19日の那覇空港での声明）

師の助言で方針転換

佐藤栄作（1901－75）が日本の首相として初めて沖縄を訪問した際、空港で読み上げた歴史的なステートメントの一部である。「戦後は終わっていない」は世に語り継がれたキーワードだが、実は佐藤自身の言葉ではない。演説の草稿をまとめた秘書官の楠田実によると、沖縄出発直前にホテルで官房長官の橋本登美三郎らが演説内容を検討した際に、総理府の事務方から提出された資料にあった表現を採用したのだという。

この時から7年後の72年5月、本土復帰は実現し、沖縄返還は佐藤長期政権の中でもひときわ輝く業績となる。

佐藤は「待ちの佐藤」と評されるほど慎重な男だが、沖縄に限っては政権発足前から意欲をむき出しにした。初出馬して敗れた64年7月の自民党総裁選の時点で「政権を獲れば対米交渉を開始する」と宣言している。しかし佐藤には沖縄に強い思い入れを抱かせるような経歴や人間関係は特に見当たらないし、本人もそれを語ることはなかった。では、なぜこれほど熱心に取り組み、成果を挙げたのか。

ノンフィクション作家・塩田潮の『内閣総理大臣の沖縄問題』で長男の佐藤龍太郎は次のように説明している。佐藤は当初、沖縄返還ではなく、中華人民共和国との国交正常化に政権の命運を賭けるつもりだった。そのために池田内閣時代から周恩来と関係を持つ人たちと会って下準備を進めていた。ところが、これに異を唱えたのが佐藤にとって政治の師である吉田茂だった。

「父は吉田さんからかなり言われたんです。『日本が世話になったのは蔣介石だぞ。戦争で負けた相手も蔣介石で、それにもかかわらず、日本の兵隊を黙って返してくれた』と」

つまり、大陸中国への接近は蔣介石率いる台湾（中華民国）に申し訳がたたないということだ。そして吉田はこう続けたという。

「もう一つ大事なことがある。それは沖縄だ。池田はどうも熱心ではない。領土問題は繰り返し折衝を続けることで解決に向かう」

龍太郎は「父は律義者だったから吉田さんの言うことは100パーセント聞いた」と話す。政治の師が止める以上、大陸中国には手を付けられない。であれば歴史に名を刻む戦後の宿題は沖縄しかない――。そんな政治家としての打算が働いたとしても不思議ではない。

政権の代名詞となった沖縄返還が実は師の助言による方針転換だったとすれば意外だが、その後の経過をたどると、したたかと評された佐藤という政治家の生真面目さもみえてくる。返還関連法案を審議する71年の沖縄国会では、野党の質問がなくなるまですべての審議に出席。当時官房副長官だった竹下登によると「総理ご自身は眠たくなるといけないから、自分の手のひらを鉛筆で強く押し」ていたという。

米側が交渉の最終局面で求めてきた密約への逡巡にも、佐藤らしさがうかがえる。沖縄返還は「核抜き・本土並み」の確約とともに、緊急時の米側からの核の再持ち込み要請を日本側がどう保証するかが最後の焦点となった。米側は共同声明とは別に「何か書いたもの」が必要として暗に密約とするよう求めたが、佐藤は文書にせず、あくまで「日米の相互信頼」での決着を希望した。

佐藤が密約を嫌ったのはもちろん秘密保持の政治的リスクを考えたからだ。しかしそれだけでなく、日本人も安全保障の問題を逃げずに正面から考えるべきだという持論に反するやり方だったからとも言われている。実はこの正面突破の安保論も師である吉田の晩年の主張を継承したものだ。今後の日本が安易な平和主義に逃げ込まないためにも密約は避けたい――。この佐藤の逡巡を断ち切ったのが一人の民間人――次項で紹介する若泉敬《けい》だった。

本土並み

復帰すれば法律や社会保障、教育などが本土と同様になることは当然だが、沖縄の人々がこの言葉にこだわったのは米軍基地が本土並みに縮小されるという期待からだった。本土の基地は反対運動などもあって８割が返還ないし沖縄に移駐されていた。しかし、佐藤首相は「本土並み」の解釈を濁し続け、結局、沖縄の期待は裏切られる。後の外交文書で、日本政府は米国から在沖米軍基地の機能維持を求められており、「本土並み」とは日米安保条約を本土と同様に沖縄にも適用する意味だったことが明らかになる。ちなみに本土の米軍基地は国有地からの転用だったが、沖縄は３割が私有地の接収で、米軍が統治時代に自由につくった基地の上に安保条約が被せられる形となった。

吉田茂と沖縄

吉田茂首相が調印した１９５２年の講和条約によって沖縄は日本から切り離された。吉田の著書『回想十年』では「条約調印後の実情は必ずしもこうした願望や期待を満足させるものではないことは、私としても誠に遺憾の念を禁じ得ない」として、米統治が続く沖縄の状況を案じている。佐藤栄作への助言は、やり残した宿題を愛弟子に託す思いがあったのかもしれない。一方で米国は、吉田が講和条約と同時に署名した日米安保条約によって、沖縄を返還しても米軍の駐留を続ける条件を整えていたことになる。

6 「一つの方法として、合意議事録にして残し、首脳二人がイニシァルだけサインするというのはどうですか」

（若泉敬・京都産業大学教授＝1969年11月6日、日米首脳会談を前にした佐藤栄作首相との協議で～『他策ナカリシヲ信ゼムト欲ス』から）

理想を追った密使の苦悩

沖縄返還交渉は1965年1月の首脳会談で佐藤栄作首相がジョンソン米大統領に正式要請し、67年11月に「3年以内に返還時期決定」を確認。69年11月にニクソン米大統領との間で「3年以内に核抜き・本土並み返還」で合意する。その過程で佐藤首相の「密使」として米側と折衝を重ねたのが京都産業大学教授の若泉敬（1930－96）である。

この言葉は69年11月21日の日米首脳会談を2週間後に控え、米側が求める「沖縄への有事の際の核再持ち込み」をどうやって保証するかを佐藤首相と詰めた際、若泉が示したアイデアだ。前述のように佐藤は密約の文書化を嫌っていた。これが大きな障害となり、返還交渉は最後の最後で行き詰まっていた。若泉は10月にも3度、佐藤に会い決断を迫ったが不調。そしてついに具体的な方策を示すに至る。それが掲げた言葉だ。若泉はさらに「絶対に外部に出さず、他の誰にも話さず、ホワイトハウスと首相官邸の奥深くに一通ずつ、極秘に保管するということでは」とたたみ掛けている。

若泉の著書『他策ナカリシヲ信ゼムト欲ス』（以下『他策』）によると、佐藤はこれに対し「向こうは絶対、外部に出さんだろうな」とただし、若泉は「それは大丈夫です」「心配なのは、むしろこっちですよ」と答える。そして、しばし黙考のうえ、若泉の目を正視して「君に委すから、全部まとめてきてくれ給え」と決断した。

こうして沖縄返還は成就し、合意議事録は佐藤がひそかに自宅に持ち帰った。その存在が明らかになるのは40年後の2009年12月末、読売新聞のスクープによってである。一方、若泉は返還交渉の影の立役者となるが、密使としての彼の存在が明らかになるのもかなり後のことだ。

若泉の晩年は苦悩に満ちていた。沖縄返還から20年たった92年に京都産業大を退職。生まれ故郷の福井県鯖江市に籠り、直後にすい臓がんの宣告を受ける。そして沖縄返還交渉のすべてを世に残すことを決意し『他策』の執筆に取り掛かる。

若泉にとって核の密約や基地の維持は、あくまで返還のための手段であり過渡的な措置だった。やがて日本は独立国として独自の安全保障体制を築き、密約や沖縄の基地負担は解消されるはずだった。それが国家のあるべき姿であり、自分が密使という黒子を演じたのも、その理想に向けての一翼を担うためだった。しかし返還後の沖縄は基地の島として固定化され、日本の安全保障を独り担う形となっていた。その現実に若泉は耐えられなかったのだ。

94年5月に2段組み、630ページの『他策』を書き上げると同時に「結果責任をとって自裁する」との遺書までしたためたが、この時は踏みとどまって『他策』英訳本の執筆を続けた。

若泉の執筆目的は密約を含めた交渉の実態を世の人たちに知ってもらい、日本が真の独立国家となるための議論を巻き起こすことだった。米国に依存し、沖縄にばかり負担を強いる日本の安全保障への疑問が必ず湧き上がるはずだと期待した。若泉は国会での証人喚問ばかりか右翼からのテロも予想し、自宅の塀を高くした。だが、若泉が「愚者の楽園」と呼んだ日本社会は渾身の著作にも微動だにしなかった。

失望した若泉は自宅書庫にあった約3万冊の蔵書を焼き払い、病をおして沖縄巡礼を始める。最後の年となった96年は3度も訪沖。米軍基地の金網に手をかけ、ガマで一片の骨を大事そうに拾った。6月23日には慰霊碑の前で刻まれた個人名をゆっくりなぞって涙した。その1カ月あまり後の7月27日、若泉は鯖江市の自宅で薬物を含んで自死した。

本土復帰を優先し、これ以外にないと考え抜いた方策がもたらした四半世紀後の現実。沖縄返還という政権の記念碑を築いた国際政治学者が最後にたどり着いたのは、国家のあるべき姿ではなく、沖縄の人たちへの懺悔《ざんげ》の思いだった。

若泉の晩年の苦悩について、国際政治の現実を知らない学者のナイーブさと片付けることは簡単だ。だが仮にそうだとしても、そのナイーブな思いこそが佐藤を説得し、米側の信頼をかちえる原動力であったことも事実だろう。ナイーブな理想を掲げた若泉がいなければ、少なくとも沖縄返還は大きく遅れていたことは間違いない。

政権と密使

佐藤栄作首相は沖縄返還交渉に際して外務省とは別にホワイトハウスとのホットラインを築くことが不可欠と考えていた。そこでヘンリー・キッシンジャー大統領補佐官ら多彩な人脈を持つ気鋭の学者・若泉敬を密使として指名した。外務官僚では手に負えない政治的に微妙な取引を前提にしていたためだ。実際、米側が返還交渉とは別に望んでいた日本産繊維の輸出自粛について、若泉は核兵器の撤去さえ応じてくれればニクソン大統領の要望にはできるだけ応える旨をキッシンジャーに伝えていた。この件は後年、糸（繊維）と縄（沖縄）を取引したのではないかと野党が追及したが、若泉の著書が出るまではうわさの域を出なかった。

7「大統領は、緊急時における(核の)貯蔵と通過の権利を保持することを条件に、交渉の最終段階で、核兵器の撤去を考慮する用意がある」

(米国家安全保障会議の極秘指定文書＝1969年5月28日付)

親友を翻弄した陽動作戦

沖縄返還交渉の密使・若泉敬の最大の武器は米政府内に広がる人脈だった。その中でもジョンソン政権時代に国防次官補代理、そしてニクソン政権下で国防次官補兼国家安全保障会議のメンバーだったモートン・ハルペリン(1938－)は、若泉と昔からの知遇がありお互いの自宅を行き来する親友でもあった。

若泉はヘンリー・キッシンジャー大統領補佐官らと返還交渉の裏折衝をする前に必ずハルペリンに会い、助言を求めた。ハルペリンも気安く応じ、裏折衝後には自ら若泉に電話して「どうだった？」と尋ねるなど気を配った。

日米首脳会談を半年後に控えた69年5月の時点で、日本側の最大の関心は「核抜き」の返還が実現するかにあった。若泉も当時、何度もハルペリンにそのことをただしたが、ハルペリンは明言を避けた。交渉の焦点は基地の自由使用や事前協議の弾力化などそのほかにもあったが、若泉は「『核抜き』に比べればはるかに扱いやすい争点であると考えていた」（『他策ナカリシヲ信ゼムト欲ス』（以下、『他策』）という。

ところがこの時点で、米側は早々と「核抜き」については譲歩する方針を固めていた。そして在日米軍基地を朝鮮半島や台湾、ベトナムの有事に使える「基地の自由使用」や核の再持ち込みの際の「密約」締結に交渉の焦点を絞っていた。冒頭に掲げた極秘文書が明らかになったのは92年5月に都内で開かれた沖縄返還20周年シンポジウムでのことだった。米政府は手の内を隠しながら、あたかも「核抜き」こそが最大の課題のように装っていたのである。返還交渉は日本が望んだ核抜きが実現する一方で、米側の望みどおり基地の自由使用が認められ、核再持ち込みの密約が交わされて決着する。

『他策』には、ハルペリンが若泉に陽動作戦を仕掛けている場面が何度も出てくる。9月25日のキッシンジャーとの裏折衝前にも、ハルペリンは若泉に「いきなり核を持ち出してもダメだ。他の分野で、全部話がついてからだ」と助言し、密約についても「イギリスとも、西ドイツともある」と説得している。若泉は信頼していた親友の罠にはまったのだ。

若泉は『他策』の中で「いまになって思うと、この戦術はひょっとすると、ＮＳＣ（国家安全保障会議）でハルペリン氏自身がスナイダー氏（著者注：米国務省日本部長）と相談して決めたのかもしれない」と感情を交えずに述懐している。一方、ハルペリンはＮＨＫの２０１０年４月のインタビューで「決定の全部を明かすことなく、日本側を多少不安にさせ、他の問題でより米側に有利な条件で交渉を進めるためだった」と舞台裏を率直に明かしている。

その後、14年5月に来日し、日本記者クラブで講演した際には「政府の情報は国民のものだ。日米の核密約も（いずれ自発的に）公開すべきだった」と話したが、親友若泉への思いを語ることは今日までない。

沖縄返還20周年シンポジウム

１９９２年5月13、14日、東京のホテルオークラで当時の返還交渉担当者らを招いたシンポジウムが開かれた。出席したハルペリンはその講演でもう一つ驚くべき内幕を明かしている。米政府内では67年3月の段階で沖縄を返還する方向が固まりつつあったということだ。当時国防次官補だったハルペリンはそれに基づき国防総省内の返還消極派を説得していたという。日米が返還に向けて動き出すのは8カ月後の11月に開かれた日米首脳会談。米側はそんなそぶりも見せず日本側の出方をうかがっていたことになる。なおこのシンポジウムには福井県で隠遁していた若泉敬も久々に姿をみせたが、親友との会話があったかどうかは不明だ。

8

「革新団体や住民に手を付ければ、（新たな）暴動に発展する可能性もあった」

（比嘉良仁・琉球高等検察庁元検事長＝１９７０年12月20日のコザ暴動の事件処理について沖縄タイムス２０１０年12月17日付の「コザ暴動から40年」のインタビューから）

利害一致した騒乱罪不適用

１９７０年12月20日未明に沖縄県コザ市（現・沖縄市）で起きたコザ暴動は、多発する米軍人の事件事故への住民の怒りが爆発したことが背景とされる。逮捕・送検された82人に騒乱罪が適用されるか否かが焦点だったが、検察は結局適用を見送り10人を放火や凶器準備集合罪で起訴するにとどめた。この言葉は、当時の検察の最高責任者だった比嘉良仁《ひがりょうじん》（１９１４－２０１５）に地元紙の沖縄タイムスが事件から40年を経てインタビューしたときのものだ。

コザ暴動のきっかけは米軍人が起こした人身の交通事故。それまで米兵の事件事故がほとんど罪に問われないことに不満を募らせていた周辺住民らがこれに怒り、停めてあった米軍の車両80台以上に次々に火をつけるなどして現場は大混乱となった。騒乱罪が焦点になったのは、これが適用されると最高刑が死刑になることに加え、今後の基地反対闘争などへの適用が懸念されたからだ。

インタビューの中で比嘉は捜査中、活動家から「騒乱罪適用なら殺す」との脅迫電話を受けたことを明らかにしている。一方、車を焼かれた米兵らが「那覇を火の海にする」と怒っているとの話もあり、「(検事人生で対応が)一番難しい事件だった」と振り返っている。

結局、検察は動機や目的が不明確であり騒乱罪の構成要件を満たさないとして適用を見送り、「単なる酔っぱらい(が起こした)事件」として処理する。比嘉は「軍トップの圧力はなく最後まで独自に判断していた」と話すが、掲げた言葉は、何らかの政治的な配慮がはたらいたことをうかがわせる。

当時は本土復帰が決まる中で米軍基地存続への反発も強まっていた。基地存続は米政府にとってはもちろん、佐藤政権や与党自民党にとっても日本の安全保障上の重要な課題だった。騒乱罪の適用は、基地撤去を求める革新団体だけでなく住民の反発を広げる恐れもある。それが「新たな暴動」に発展すれば、ようやく合意に漕ぎ付けた「核抜き本土並み返還」や米軍の「基地の自由使用」に影響しかねない。そうした利害一致の判断が日米双方の政府にあったことは容易に想像がつく。

同日の沖縄タイムスは別の企画記事で、最初に米軍車両に火をつけたという57歳の男性(当時は高校生)の話を載せている。暴動直前までバーで酒を飲んでいたこの男性は地元では有名な不良少年で、普段は米兵とも親密だったという。男性は「高尚な考えはなかった。ただ、いろんな怒りがあり、最初に火を放った」と証言。「おれたちを押さえつける教師や警察官、周囲の大人への不満。その怒りは米軍に対してもあった」とする一方で「今も昔も基地は容認派。ただ、沖縄人をなめるなという気持ちも変わらない」とも語っている。

親米か反米かの二色だけでは描けない沖縄の混沌がそこにある。

コザ暴動の背景

米兵による事件事故が急激に増えたのは１９６０年代後半のベトナム派兵が背景にある。戦地で疲弊した帰還兵が、あるいはその疲弊ぶりを見た米兵が酒や薬物におぼれてトラブルを重ねたためだ。加えて日米地位協定で犯罪者の扱いがうやむやになることも沖縄の人々の怒りを呼んだ。コザ暴動の約３カ月前の70年９月18日、糸満町で酒を飲んだ米兵が猛スピードで歩道に乗り上げ沖縄人女性をひき殺した。12月７日の米軍法会議の判決は被害者への賠償を認める一方で米兵は証拠不十分で無罪。これに多くの沖縄県民は怒り、ゴザ暴動４日前の16日に１万人を集めた抗議集会が開かれた。

9
「総理、あなたもしばらくは山中を指揮することはおやめ下さい」

（山中貞則・総理府総務長官＝1970年1月14日、初入閣の呼び込みで佐藤栄作首相へ出した注文～日本経済新聞「私の履歴書」から）

贖罪と打算の二重奏

自民党には〝沖縄族〟（251頁参照）と呼ばれる政治家があまたいたが、山中貞則（1921－2004）は別格の存在だった。〝族〟議員入りした動機も明確だ。鹿児島県出身の山中は400年も前の薩摩藩の琉球侵攻を「島津の血をひく鹿児島の人間として、知らぬ顔で過ごすことはできない。沖縄の人たちに琉球侵攻を心からお詫びし、政治家として罪を償わなければならない」（『顧みて悔いなし：私の履歴書』）とし、沖縄問題を終生のテーマとした。

冒頭に掲げた言葉は、沖縄問題を所管する総理府総務長官での入閣を要請された際に佐藤栄作首相に出した条件のひとつである。条件には、沖縄に関する各省庁の権限をすべて山中に集中させることも含まれていた。

当時山中は48歳。初入閣の若造が総理に向かって条件を付けるとは前代未聞である。後に〝国士〟と称された山中の豪快な性格を差し引いても異例だが、後から振り返れば山中の本気度が伝わってくる。佐藤はしばし目を閉じ考えていたが、「ギョロッと目を開けて『君ならできるだろう。その条件をのんだ』と言った」という。山中の注文はそれだけでは終わらなかった。「沖縄返還のような大問題を一期でできる人はない。完結するまで担当させるということで了承してください」とたたみかけ、強引に承認を取り付けている。実際、山中は返還後の初代沖縄開発庁長官を含め３期連続で沖縄担当相を務めた。

山中の贖罪の念は本当だったのだろう。そうでなければ沖縄関連の特例法を計６８３本も通したり、首里城の復元工事の予算獲得のために汗をかいたりはしない。その贖罪行動の白眉は、１９７１年のドル切り下げから沖縄経済を救った特例措置の発動だ。

日本時間71年８月16日、ニクソン米大統領はドルと金の交換停止を発表する。ニクソンショックである。これを受けて日本政府は固定相場（1ドル＝３６０円）だったドルと円の交換率を変動相場制に移行することを決定。これは事実上のドルの切り下げで、当面は３０５円程度での交換になるとされた。本土復帰の際に手持ちのドルを円に交換する沖縄の人々にとっては個人資産が16％も目減りすることになる。輸入品も値上がりが必至だ。沖縄ではこれに抗議する３万人規模の集会が開かれるなど動揺が広がった。

しかし外務省、大蔵省が米政府と折衝する気配はない。官僚たちは「仕方のないこと」と拱手傍観するしかなかった。そこで動いたのが山中である。山中は何ともアナログな秘策を編み出す。住民が保有するドル紙幣をすべて検印してその額を確認、預貯金も債務を差し引いて資産額を確定し、交換時にはそれらをすべて1ドル＝360円での交換を保証するというものだ。

だがこの秘策が事前に漏れれば投機目当てのドルが大量に流れ込む恐れもある。作業は米国にも知らせず、一部の関係者だけで極秘で進められた。大蔵官僚は渋ったが、山中は当時蔵相だった水田三喜男を怒鳴りつけたり、首相の佐藤栄作を深夜にたたき起こして折衝を重ねるなど鬼気迫る執念をみせる。結果、71年10月に資産の確認作業が実施され、本土復帰の際に証明書を持つ住民は1ドル＝360円との差額を給付金という形で受け取ることができた。その総額は315億円に達した。

後日、お礼に訪れた知事の屋良朝苗に対し、山中は「国は、沖縄に対して、いくら報いても過ぎることはない。沖縄問題は超党派的に考えるべきだ」と話したという。

山中はそうした沖縄への情をことあるごとに示すが、一方で党人派政治家のしたたかさも持ち合わせていた。69年12月、米軍は沖縄返還に当たって米軍で働く従業員の大量解雇を発表。全沖縄軍労働組合（全軍労）はストを打ち反発するが、これを総額2億円の見舞金で解決に導いたのが山中だった。山中はその直後の日米協議委員会で米側に話した言葉が後年、外交文書で明らかになった。「（見舞金は）長期的には現地の反米闘争を緩和する効果を持ち、沖縄の左翼分子の弱体化、日米関係の正常化に役立つ」。沖縄への贖罪と打算の二重奏。強面と情だけで生き抜いた政治家ではなかった。

首里城再建

　首里城は２０１９年10月31日に全焼したが、記録が残されている火災消失はこれで5度目。創建時期は13世紀末から14世紀とされ、琉球王国を成立させた尚巴志《しょうはし》が王家の居城として用いて以降も後継争いや失火などで焼け、その度に再建されている。１９４５年5月には米軍の砲撃で全焼。首里城地下に陸軍第32軍総司令部があったためだ。この時の復元は山中貞則が「形がなくなったものを復元するのは文化財とはいえない」と渋る大蔵省を説得して実現。70年代から始まった工事は２０１８年度までかかり約２６０億円を要した。

10

「東京に行ってみて、沖縄問題というのはあまり関心を持たれていなかったんですよ」

（知念襄二・元沖縄闘争学生委員会委員長＝2009年2月28日付の図書新聞のインタビューから）

「手段」で終わった本土の沖縄闘争

沖縄闘争という言葉がある。それは1950年代の島ぐるみ闘争から今日に至る広義の反米反基地運動から、72年の本土復帰を前にした学生を中心とする闘争を指すケースなどさまざまな解釈がある。知念襄二《ちねんじょうじ》（1947－）は後者の中心人物だった。

「とにかくこの狭い島を出たい」という一念で東大理科Ⅲ類に合格した知念は65年、学生運動たけなわの駒場寮に入る。日韓条約反対、紀元節復活反対などを唱える学生らの演説を「わかったような、わからないような感じで」聞いていた。しかし、米軍支配に苦しむ沖縄を語る学生はほとんどいなかった。新左翼系の学生らは、沖縄問題を民族運動として捉え、大衆運動として評価していなかった。

だが65年2月から始まった米軍の北ベトナム爆撃（北爆）が嘉手納基地からの出撃であることがわかると、学生運動の中での「沖縄」問題の位置づけは徐々に高まっていく。さらに67年2月に沖縄の教職員に対して政治活動と争議行為の禁止を定めようとする教公二法案に対し、沖縄本島で激しい抵抗運動が起きる。那覇市の立法院を包囲する教職員らが警察に排除されると一般の人たちが座り込み、二法案はついに廃案となる。このニュースは本土でも大きく扱われたが、知念らは本土の友人に聞かれても沖縄で何が起きていたのか、よくわからなかったという。

知念が本格的に運動にかかわるのはそれからだ。「単なる啓蒙的な活動ではなくて、自分らも何かやらなければ」との思いだった。ちょうどそのころ、佐藤栄作首相のベトナム訪問に反対した沖縄出身の九州大の学生が留学国費打ち切りの処分を受けた。日本から切り離されていた沖縄の学生はまだ留学生扱いだった。知念らは処分撤回運動に取り組む一方、本土と沖縄の分断こそが問題の根源だと捉え、突飛な実力闘争に乗り出す。沖縄出身者が本土に渡る際、米民政府が発行したパスポートを持たずに上陸を試みるという奇策だった。

68年8月、那覇港からの船中でパスポートを焼き捨てた知念らは東京の晴海ふ頭で入国管理官から月島署に引き渡され、公務執行妨害容疑で逮捕されて11日間の調べを受ける。だが当時の法律にはパスポートなしの上陸を想定した罰則がなく、起訴されることはなかった。

知念は69年7月、沖縄闘争学生委員会をつくり委員長に就く。米軍基地を維持したまま返還を果たそうとする佐藤首相の訪米阻止や三里塚闘争にも参加した。沖闘委は中核派も革マル派もべ平連もいるごちゃまぜの集団だったが、革マル系が支配する琉球大学学生会との連携を始めたことから内部の亀裂が大きくなる。やがて日米安保などの大状況を語る本土の学生と、沖縄という目の前の切実な現実にこだわる地元出身者との間にも微妙な溝が生まれ、運動は四分五裂していく。本土の学生運動の中で掲げられた「沖縄」はあくまで日米権力を粉砕するための手段の一つに過ぎず、目的ではなかった。

76年に東大医学部を卒業した知念は沖縄に戻り、60年安保でブント書記長として活躍した精神科医、島成郎《しましげお》（2000年死去）とともに地域の精神医療活動を続けた。

当時の闘争から半世紀。「沖縄問題を日本全体の問題に」という知念の思いは未完のままだ。

沖縄の学生闘争

沖縄の学生らが政治問題に目覚め行動を始めたのは1956年の島ぐるみ闘争がきっかけ。その後67年の教公二法阻止、69年の「2・4ゼネスト」を経て、72年の本土復帰に際しては基地撤去、反戦・反安保闘争を展開していく。中心は琉球大学の革マル派だったが、74年には中核派が琉大一般学生を誤って殺害するなど内ゲバも頻発した。本土の学生運動家とはベトナム戦争が本格化した60年代後半から共闘を深めた。

11 「歴史の検証が出来ないんですよ、何も（中略）日本は隠し事が多いから」

（西山太吉・元毎日新聞記者＝２０１３年11月21日の参院国家安全保障委員会での参考人発言）

輿論をつぶした世論

これは外務省機密文漏洩事件の当事者だった元毎日新聞記者・西山太吉《たきち》（１９３１－）が41年後、特定機密保護法を審議する国会の委員会で参考人質疑に応じた時の発言だ。

そもそもの事件があったのは１９７２年である。外務省担当の政治部記者だった西山は、沖縄返還協定で米政府が支払うことになっていた沖縄の地権者に対する土地の原状回復費４００万ドル（当時のレートで約12億円）を実は日本政府が負担する密約をしていたとの機密文書を入手。これを当時の日本社会党議員の横路孝弘に渡し、横路が国会で追及した。文書をそのまま記事にすると情報源がばれると思ったと西山は述懐している。

ところがこのやり方が仇《あだ》となった。西山が外務省の女性事務官と肉体関係を結び、そそのかして文書を手に入れていたことが分かり、西山とその女性は4月、国家公務員法違反容疑で逮捕、起訴される。当初政府の密約に厳しい視線を送っていた世論も、この入手方法が表面化した後には手のひらを返して西山や毎日新聞を非難。他の新聞もトーンダウンして機密文書の問題は一転、記者の取材手法の問題に置き換えられていく。

この事件が浮き彫りにするのは国家のしたたかさであり、世論の脆弱さだ。当時の佐藤栄作首相周辺は事件直後、文書の回覧をチェックする箇所に外務省審議官のサインがないことから漏洩したのは審議官室であることを突き止め、事務官を追及して不倫関係にあったことを告白させた。そしてその経緯を週刊誌にリークし、検事が起訴状に「ひそかに情を通じ」と書き込むなどスキャンダル性を煽《あお》る形で世間に伝えている。

小難しい密約話より生々しい人間の醜聞に反応するのが世の常だ。論点のすり替えを批判する識者も少なくなかったが、核心であったはずの密約問題は洪水のような醜聞報道によってやがて後景に消えていった。人々の思いや感情の束が「世論」であり、本質を問う思考が「輿論《よろん》」であるとすれば、輿論は世論につぶされたのだ。

一方で、困難な返還交渉を成し遂げた佐藤政権にとっては、密約は米国から求められたものであり、それなくして沖縄返還はありえなかった。前述のとおり、佐藤は核の密約に渋々応じている。それに比べれば土地代金の肩代わりくらいの密約は必要悪との認識だったのだろう。大事の中での些事。大局の中の末節という意味では確かに密約は一定の理がある判断であったのかもしれない。

だが、国家が大事のために何らかの犠牲を払うのであれば、後世の人たちがその犠牲の妥当性を正しく判断できる環境を作っておくことが必要だろう。それが民主主義という制度の質を維持していくための要件だからだ。

西山はこの参考人発言で「日本の国家の存立基盤が日米安保であれば、その（取り決めなどの）情報は、少なくとも結論が出たら正確に国民に伝達する（中略）。そうしていかなければ日本の民主主義は自立できない」「沖縄問題も、日米安保も、（重要な）情報の開示はほとんど米国からだ」「違憲性のある密約が発覚したとき、『ない』というのは先進国の中では日本だけだ」と言葉を重ねている。

西山がこうして公の場で発言を始めたのには理由があった。事件から28年後の２０００年5月、この密約を裏付ける米公文書が見つかり、２００６年2月には対米交渉を担当した元外務省アメリカ局長の吉野文六が密約の存在を認めた。西山らは当時の起訴を不当として国家賠償請求訴訟を起こしたが、東京地裁は請求権のある20年が過ぎているとして棄却。密約文書の開示を求めた別の訴訟でも最高裁は「不開示の政府決定は妥当」として請求を退けている。そして沖縄の基地をめぐる密約の多くは、いまだに不開示が続く。

醜聞に流れていった当時の世論は、結果的に後の世代に大きな犠牲を強いた。だが、世論を輿論に昇化させていこうという空気は、この国には依然としてない。

公文書公開制度

行政機関の保有する文書などの公開に関する情報公開法が施行されたのは２００１年。この分野の先進国であるスウェーデンは１７６６年に同種の法律ができた。現在の制度で公開される文書も日本では黒塗り部分が多い上、その基準もはっきりしない。日本で公文書の保存や公開の観念が乏しかった理由は諸説あるが、１８７１年に西洋文明の調査に赴いた岩倉具視率いる使節団が図書館や博物館、美術館などの概念を持ち帰る一方、当時から米欧にあった公文書館については紹介されなかった。このため日本では公文書を保存し、公開することの意味について議論が深まることが久しくなかったと言われている。

第4章
昭和の葛藤

1

「この極端な不均衡のなかで、両者の言い分を平等に取り上げることが果たして客観的、中立、公平を言えるのか」

（豊平良顕・沖縄タイムス相談役＝1960年代末の筑紫哲也との問答）

痛恨事から紡ぎ出した新聞の本質

ＴＢＳキャスターを務めた筑紫哲也が朝日新聞沖縄特派員時代の1960年代末に、沖縄タイムス相談役となっていた豊平良顕《とよひらりょうけん》（1904－90）と交わした問答の一節だ。当時は沖縄タイムス、琉球新報の地元2紙が早期復帰を唱え「復帰運動の機関紙ではないか」と中立性、公平性の観点から批判を浴びている時期だった。それに対する豊平の答えがこれだった。

筑紫によると、この前段で豊平は「一方に政治、経済、軍事に及ぶ全権力を手中にした異民族の統治者がいる。その一方には民主制の下ならだれにも保障されるはずの基本的権利を一切奪われている被統治者がいる」と、沖縄が抱え込んだ「不均衡」の実態を詳しく説明している。そのうえで形式や扱いにこだわる本土の杓子定規な教科書論に対し、客観性や中立、公平というものの本質とは何かを厳しく問うたという。

時期も場所も不明で、文言も正確にこの通り話したかどうかわからないが、筑紫は後年、新聞や雑誌などでたびたびこの豊平の言葉を取り上げており、彼の心にもよほど響いた言葉だったのだろう。

豊平は教員を経て24年に沖縄朝日新聞に入社。44年には地元紙の沖縄新報に入り編集局長として沖縄戦のさなか、軍部に加担する新聞づくりをしていた。文化系の取材を好んだ豊平にとってこれは本意ではなかったようだが、紙面では皇国日本のために県民の声を圧し、戦意高揚を掲げ、国策遂行に協力した。沖縄新報は米軍の上陸直後に解散。豊平は戦火の中を逃げまどい、その後捕虜になる。戦後の48年、沖縄タイムス創設に参加し、やがて副社長、会長を歴任しながら、沖縄の文化財修復や沖縄美術展覧会の創設など伝統文化復興に力を尽くす。一方で、戦時中の自らの新聞づくりについては、朝日新聞の新人国記で「必死で作った紙面は軍国主義そのもの。私は戦犯だ」と率直に語っている。

長男の良一は「その贖罪として戦後は平和志向の文化、教育に熱中したのではないか」と話す。豊平にとって戦時下の新聞づくりは言葉に尽くせないほどの人生の痛恨事だったようだ。圧倒的な力の中で新聞は何ができるのか――。筑紫との問答に出てきた言葉は、その痛恨事から紡ぎ出した豊平の答えだったのだろう。

この言葉には、民主主義とは何なのかという問いにも通じる普遍性がある。選挙や多数決で多くを占めた側がその主張や政策を一方的に遂行することが果たして民主主義の公平性なのか。少数の側の主張をどのように反映させるかという点にこそ、民主主義の本質があるのではないか。新聞は安易な両論併記で中立を装うべきではない。戦時下の権力に屈した豊平の頭には、そうした思いが宿っていたはずだ。

沖縄は薩摩の侵攻、琉球処分、沖縄戦後の米軍統治、そして講和条約による日本からの切り離しと、何度も被支配、被統治を強いられてきた。苛烈にも聞こえる豊平の言葉は、長い苦悩の歴史が生み出した沖縄人の答えでもあるのだが、本土では、そうした深い営みを無視するかのように沖縄の新聞を偏向とする声が今もなおくすぶり続けている。

沖縄の文化復興

豊平良顕は戦後すぐに首里市長に働き掛けて役所に文化部を創設。「玉陵の石彫獅子」など戦火で散逸した文化財の収集に当たる。沖縄タイムスを創設した後も、戦争で破壊された国宝の崇元寺の石門の復元に尽力。「いつまでも祖先の威光を鼻にかけるのもどうか。肝心なことは優れた文化財を現に生産しているかという点にある」（『月刊タイムス』1950年8月1日）として、同社の主催で「沖縄美術展覧会」（沖展）や文芸誌『新沖縄文学』を始めるなど沖縄の文化振興に奔走した。

2

「孫先生。私を目覚めさせたのは、あなたなのです。お国への償いをすることと私の娘の償いを要求することは、ひとつだ」

（大城立裕・作家＝芥川賞受賞作『カクテル・パーティー』1967年9月から）

硬直した被害者意識を斬る

琉球政府経済企画室の役人だった大城立裕《たつひろ》（1925－　）は61年、沖縄経済復興に向けて日米両政府に援助の増額を請願する「民生五カ年計画」を策定する。経済を自立させて自治権を取り戻そうという狙いも込められていた。ところが「沖縄に自治はない」としたキャラウェイ高等弁務官の怒りを買い、計画はお釈迦となる。6年後に沖縄初の芥川賞を受賞する作家も、キャラウェイ旋風にはひとたまりもなかった。

63年に経済計画課長となった大城が多忙な業務をこなし帰宅した深夜に書き続けたのが「カクテル・パーティー」である。当時本土の作家が沖縄をテーマに書いた作品について、大城は「非常にセンチメンタルなものだった。もっとクールな作品が書けないかと考えた」（『沖縄列伝』での証言）。そして大城の頭に浮かんだのが自身の中国での体験だった。大城は戦中の43年に上海の東亜同文書院大学予科に入学し、45年に現地で入隊。日本軍の非道を知っていた。「アメリカに対して沖縄は被害者だが、戦前から戦時中にかけては中国に対しては加害者でもあった。そのことを問われた時、どう答えるべきかを考えた時、これは小説になると思った」

作品の前章は、米軍基地内のカクテル・パーティーに招かれた沖縄人の「私」が米軍人、中国人らと沖縄文化について語り合う場面で終わる。後章では「私」は「お前」へと視点が置き換えられ、「お前」はパーティーと同時刻に自分の娘が米兵に強姦されていたことを知る。そしてパーティーで出会った人々に告訴の相談を持ち掛ける中、中国人の孫先生が語る回想が「お前」の加担した日本軍の暴虐を想起させ、それが娘に降りかかった暴力と二重写しになる。主人公は苦悩の果てに単なる被害者から過去の加害責任を併せ持つ一個人となり、沖縄人もまた同じ立ち位置にいることを悟っていく。掲げた言葉はその場面での主人公のせりふである。

大城は後年「あまり自信がなかった作品」「（沖縄の死生観を描いた）『亀甲墓』が一番の自信作だった」と複雑な思いを語っているが、やはり受賞作は大城文学の極みの一つとする評者も多い。それは大城が主題とする戦後の沖縄へのいらだちが最も投影されているからだろう。そのいらだちとは沖縄が精神的に自立しえないことへの歯がゆさである。

86年に朝日新聞で連載された新人国記で大城は「沖縄戦という特殊性を経験した沖縄人だからこそ、単なる被害者意識を克服し、平和への普遍性の視点が必要だ」と語っている。２００８年には「沖縄は、本土から運命を押しつけられるたびに、息せき切って、足並みをそろえようとばかりしてきた。完全な自己喪失だ。文化を通して、主体性を取り戻すべきだ」（『沖縄列伝』）と述べている。硬直した被害者意識や偏狭な本土同化志向から解放された後に生まれるはずのウチナー（沖縄人）の主体性。それを追求してきたのが大城文学だった。

翁長雄志知事が誕生し、普天間飛行場の辺野古移設をめぐり本土政府との対立が本格化したころ、大城は東京新聞のインタビュー（16年6月8日付）にこう答えている。「沖縄の人は強くなった。沖縄の心をヤマトゥの人々が理解してくれないなら、日本政府だけでなく、ヤマトゥの国民からも離れていく」

沖縄の作家

文学不毛の地とも言われた沖縄は戦後、大城立裕をはじめ「オキナワの少年」の東峰夫（１９７１年下期）、「豚の報い」の又吉栄喜（95年下期）、「水滴」の目取真俊（97年上期）と計4人の芥川賞作家を輩出。２０１８年下期には戦後の沖縄を舞台に3人の若者の人生を描いた真藤順丈の「宝島」が直木賞を受賞した。真藤は東京都出身だが、「沖縄人になりきると覚悟を決めて書いた」と語っている。

3 「基地で働きながら基地否定の闘いをやったのは間違いない」

（上原康助・全軍労委員長＝季刊「沖縄問題」第9号1982年6月発行のインタビューから）

矛盾と葛藤の果てに

沖縄駐留の米軍基地で働く日本人従業員は現在約8500人。最盛期の1960年代後半には沖縄の雇用労働人口の3分の1に当たる約5万人が働いていた。その大集団を組織し、2万人を超える組合員を率いたのが上原康助（1932－2017）である。

上原は本島北部の本部町出身。地元の高校を出て米軍基地に職を得る。突然の解雇通告を受けたのは26歳の時、8年勤続の優良雇用員として表彰を受けた直後だった。基地の拡張工事が一段落したための人減らしだった。米国人上司の配慮もあって解雇自体は免れたが、上原はこれをきっかけに労働問題にのめりこんでいく。

毎日新聞出版　愛読者カード

本書の
タイトル「　　　　　　　　　　　　　　　　」

●この本を何でお知りになりましたか。

1. 書店店頭で　　　　2. ネット書店で
3. 広告を見て（新聞／雑誌名　　　　　　　　　）
4. 書評を見て（新聞／雑誌名　　　　　　　　　）
5. 人にすすめられて　　6. テレビ／ラジオで（　　　　）
7. その他（　　　　　　　　　　　　　　　　　）

●どこでご購入されましたか。

●ご感想・ご意見など。

上記のご感想・ご意見を宣伝に使わせてくださいますか？

1. 可　　　　2. 不可　　　　3. 匿名なら可

職業	性別 男　　女	年齢 歳	ご協力、ありがとうございました

郵便はがき

料金受取人払郵便

麹町局承認

1763

差出有効期間
2022年1月31日
まで

切手はいりません

102-8790

209

(受取人)
東京都千代田区
九段南 1-6-17

毎日新聞出版

営業本部　営業部行

ふりがな	
お名前	
郵便番号	
ご住所	
電話番号	(　　　　)
メールアドレス	

ご購入いただきありがとうございます。

必要事項をご記入のうえ、ご投函ください。皆様からお預かりした個人情報は、小社の今後の出版活動の参考にさせていただきます。それ以外の目的で利用することはありません。

沖縄で当時最大の就職口だった米軍では、一方的な解雇が横行し、賃金や職場環境も米側の言いなりで、労働者の間には不満が鬱積《うっせき》していた。上原は基地内の有志と勉強会を重ねて60年9月に労組を立ち上げ、61年6月に基地内単一労組の連合体である全沖縄軍労働組合連合会（全軍労連、組合員2600人）を結成、委員長となる。

当初は賃金や有休制度などもっぱら経済的な要求に終始したが、62年7月の定期大会では沖縄の世論を反映して「祖国復帰を促進しよう」というスローガンを採択、米軍当局の怒りを買う。組合員の中にも政治的スローガンを掲げることに反対する意見があった。上原は他労組が掲げる「祖国復帰をかちとろう」という直截な表現を和らげることで組合内の結束を保った。

全軍労が政治の世界に大きく足を踏み入れたのは米戦略爆撃機B―52が嘉手納基地で爆発事故を起こした68年秋からだ。沖縄の労組の連合体である沖縄県労働組合協議会（県労協）はB―52の撤去や原子力潜水艦の寄港阻止などを闘争目標にゼネストを計画。当時既に沖縄教職員会と並ぶ大組織に育っていた全軍労が労組としての姿勢を問われる局面だったが、上原らはゼネスト参加を決める。それは「米軍基地撤去」「反戦平和」という沖縄労働界の大看板を背負うことを意味していた。

基地撤去はすなわち自らの職場をつぶす要求。反戦平和とは自ら従事している仕事を否定しかねないスローガンである。この大いなる矛盾に上原は苦悩する。当時の運動方針を定めた全軍労の文書には「私たちは県民世論と大衆運動として発展しつつある反戦平和、基地反対闘争を理解し、まず祖国復帰をかちとり、基地を漸次縮小させ、最終的に基地が撤去され、平和産業に職業を求め、安心して生活できるようになることを希求する」とある。真正面から反戦平和を掲げるのではなく、それを「理解」する。自分たちの収入基盤である基地は「漸次」で縮小を求める。さらに「最終的に」基地が撤去された後の転職を視野に入れる――。

なんとも迂遠ですっきりしない内容だが、ここにこそ全軍労という異形の組織が抱え込んだ苦悩が端的に表れている。

上原は当時「孤立が一番怖い」と周囲に語っている。つまり米軍と対峙し要求を引き出していくには沖縄の世論を味方に付けなければならない。そのためには反戦と基地撤去を掲げる沖縄労働界の方針から逸脱するわけにはいかない。かといって基地で働く組合員の暮らしを思えば他の労組と同じ熱量で反戦や基地撤去を訴えるわけにもいかない。煮え切らないスローガンや運動方針は上原にとって、現実を見据えた妥協の産物だった。

その頃のことを回顧したのが冒頭の発言である。当時から十余年たった上原は、葛藤を吹っ切ったように言葉を継いでいる。「体制側はいつも『矛盾する』とか『おまえらが基地撤去や軍事基地反対を叫ぶから大量解雇が出てくるんだ』というような逆手にとった攻撃をかけてきました。しかし、実際問題として仮に我々が黙っていて体制従順な労働者であったならば、果たしてどうだったかということを考えますと答はおのずから明らかになるでしょう」

そして当時の自分と同様の矛盾を抱える現在の同胞を叱咤する。「最近の労働運動の中で、とくに軍需産業で働いている労働者は、いくら軍事費が拡大されようが黙って働くという傾向が見られ、民主主義も平和も大変危うくなっていく気がしてなりません」。苦しくても理を掲げ筋を通せば、闘った末の妥協は理解される――。上原が長い苦悩の果てにたどり着いたのは、そうした達観だったのだろう。

全軍労が直面した矛盾はこればかりではない。69年12月、米軍は突如として基地労働者２４００人の解雇を発表。上原らは１２０時間のストで応じた。ところがこれに怒ったのは同胞である沖縄人、Ａサインバー（米軍公認の酒場、１６２頁参照）の経営者たちだった。米軍がストに対抗して米兵の基地外での飲食を禁じたためだ。殺気だった経営者らは「ストのおかげで店がつぶれてしまう」と全運労本部に押し掛けた。上原は「みなさんの立場もわからないわけではない」と頭を下げた。上原は後に「なぜ県民同士がこんなに対決しなければならないのか、胸が締め付けられ、基地沖縄の抱える根深い矛盾を改めて実感させられていた」と述懐している。

全軍労は沖縄の鬼っ子だった。しかし誰かがこの矛盾を背負わなければ基地労働者の権利回復はなかった。鬼っ子の統領だった上原はその後、初の国政選挙で日本社会党から出馬し当選、衆院議員を連続10期務める。晩年、沖縄の米軍基地の半分を撤去しようという「沖縄ハーフオプション」を唱え、全面撤去を主張する革新陣営とたもとを分かつ。かつての同志は上原を「裏切り者」と批判したが、若き日に数々の葛藤を味わった上原にとって、変わらぬ革新陣営の姿勢は現実を度外視した空論にみえたのかもしれない。

基地労働者

現在の基地労働者の平均年収は３００万円ほどで、沖縄県の一般雇用者より数十万円高いとされる。職種は米軍司令部の事務、技術から警備、医療、介護、娯楽施設の補助要員まで幅広い。かつては米軍の直接雇用だったが、今は日本政府が雇用主。ただ、採用、解雇、配置転換など人事権は米軍が握っており、恣意的な異動・解雇もあるという。

4

「基地が縮小されれば解雇者が続出するという矛盾に悩まなければならない。とにかく、アテがはずれたのである」

（大宅壮一・評論家＝月刊誌『現代』1970年2月号「沖縄住民百万人を叱る」から）

沖縄を怒らせた野次馬王の作法

「駅弁大学」「一億総白痴化」など時代を切り取る造語で知られ、野次馬精神の親玉とも称された評論家の大宅《おおや》壮一（1900－90）は、二度にわたって沖縄の人々から不興を買っている。一度目は、金城重明の項で触れた59年6月に訪沖した際の感想記事（46頁参照）。『文藝春秋』に掲載されたそのリポートで大宅は、沖縄戦での集団自決の背景に「主人（日本の帝国主義）を批判することのない家畜的忠誠心」があると指摘した。そして二度目がここに掲げた言説である。

最初のリポートから10年後に書かれたこの記事は、本土復帰が決まった直後の沖縄を現地取材したものだ。大宅はまず沖縄が「復帰決定の瞬間に虚脱してしまった」と指摘する。そして「『アメ公よ、出ていけ、出ていけ』と催促していたのも、まさかオイソレと出て行きはしないだろうという気があったからに違いない。日の丸を振って復帰、復帰とやっていた革新政党も、こうなっては『もう少しいてくれ』とたのむわけにはいかない」と人々の動揺ぶりを揶揄《やゆ》している。

大宅の筆鋒《ひっぽう》は沖縄社会の暗部にも向かう。沖縄の動揺の背景には米軍基地労働者の大量解雇があるだけでなく、資格を取得しないまま開業している弁護士や医者、本土との競争にさらされる会社の社長らが厳しい現実にさらされるからだと分析。さらに「基地経済は一種の〝冷暖房完備〟の経済状態」で、米軍のおかげでテレビや車の普及率も高く「金を借りて家を建てればアメリカ人が入ってくれた」などと、基地の恩恵がいかに大きかったかを説いている。

沖縄返還の歓迎ムードに辛辣な筆致で水を差したこの記事は本土の読者に一定の評価もあった。世間の死角に入っている本質を抜き出して見せる大宅独特の視点があるようにみえたからだ。しかし沖縄の新聞には「10年前と言い、大宅氏は沖縄にうらみでもあるのか」などとする投書が相次ぎ、批判が沸騰した。

大宅の二つの記事は果たして正鵠《せいこく》を得ているのか。最初の記事で指摘した「家畜的忠誠心」について、大宅は薩摩や明治政府による沖縄支配の歴史と結び付けて「彼らは歴史的、地理的にいって、島を支配する時の権力に対してはつねに従順ならざるを得ない」と述べ、沖縄の特殊性を強調している。しかし、もしそうだとしたら、薩摩や明治政府の支配に対して当時、沖縄の人々がどれほど「従順」だったかを証明するべきだが、大宅の記事にそれはない。また「家畜的忠誠心」が沖縄の被支配という歴史の遺物であるのなら、後年、普天間問題をめぐって「主人」たる日本政府に公然と異を唱える今日の沖縄の姿は何なのかということになる。

大宅は「沖縄の人たちは普通の日本人より遥かに高度の忠誠心を示した。『ひめゆりの塔』はじめ数々の集団自決の記録は、この事実を裏書きしている」とも記している。だがこれも唯一の地上戦があった沖縄での集団自決と、空襲があったとはいえ目前に敵が迫ったわけではない本土の人々の対応を比較すること自体に無理があるだろう。

10年後の記事で、復帰直前の沖縄の雰囲気を大宅が「虚脱」状態にあると感じたのはわからなくはない。なにしろ〝世替わり〟するのである。基地労働者が将来を案じ、政財界の人々も自身の立場に不安が出てくるのは当然のことだろう。後述する南沙織の家族もそうだった。しかし沖縄の民意が内心で基地経済の存続を願っているかのように断じるのは飛躍が過ぎる。沖縄に虚脱や不安があるとしても、県民の多くが米軍支配からの脱却や将来の経済発展などを視野に本土復帰を望んでいたことは各種の世論調査でも明らかだ。

大宅がこの取材で沖縄に滞在したのは5日間。記事の冒頭では「ホテルの私の部屋には、各階層の人たちが次から次へと押しかけてきた。全部で百名は越えていたろう」と自身の人気ぶりを誇示しているが、基地騒音や米兵による事件事故が多発する沖縄の人々の日常に接した記述はない。

この記事は確かに本土の人々からは死角に入った部分に光を当てたものだ。軍関係の仕事が減り、本土との競争を強いられるのは沖縄の人々にとって復帰後の大きな課題ではある。しかしそれは長く米軍支配に苦しんできた沖縄問題の本質ではない。沖縄の怒りを買ったのは、課題と本質をすり替えて論じた大宅のジャーナリストとしての作法だった。

復帰前後の世論調査

ＮＨＫが復帰直前の１９７２年５月に実施した本土復帰に何を期待するかを問う世論調査では、「経済の発展」（15％）「本土並みの権利」（13％）「社会保障・教育の向上」（11％）「米支配からの脱却」（11％）と続き、全体の69％が復帰に何らかの期待をしていることがわかる。「期待はない」は22％だった。朝日新聞が復帰直後の72年７月に実施した調査では「復帰してよかった」は55％、「よくなかった」は22％。

5 「日本人とはなにか、このような日本人でないところの日本人へと自分をかえることはできないか」

（大江健三郎・作家＝『沖縄ノート』１９７０年９月から）

内省迫る鏡

『沖縄ノート』は後のノーベル賞作家が返還前の沖縄を訪ね、本土の人間の在りようと戦後民主主義を問う論考集だ。１９６９年から70年にかけて月刊誌『世界』に連載したものをまとめた。掲げた言葉は、著作に繰り返し出てくるキーフレーズである。これが当時の若者にとって訴求力を持った背景には、時代の空気があった。当時は高度成長期が後半に入り公害問題や政官財の癒着など負の側面が浮上、学生たちが戦後民主主義への問い直しを始めた時代だった。この問い直しの特徴は、社会問題の病巣を想像力を駆使して個人の生き方に求めていく点にあった。それゆえこのフレーズは、内省を深めようともがく当時の若者の思いと合致した。

では「このような日本人」とは何か。例えば大江は、慶良間諸島で住民に集団自決を命じたとされる日本軍の責任者を引き合いに出す。「生き延びて本土にかえりわれわれのあいだに埋没している、この事件の責任者はいまなお、沖縄にむけてなにひとつあがなっていないが、この個人の行動の全体は、いま本土の日本人が総合的な規模でそのまま反復しているもの」だと指摘する。

また、大江は沖縄の地元紙に載った栃木県医師の投書を取り上げる。投書は「つまらない本土復帰の悲願などやめて、なぜ独立しないのか」と切り出し「諸君の周りは軍事施設以外はまったく自由」「戦争の被害など大きな台風に出会ったと思えばよい」などと重ねていく。大江は「(この文章が)僕にとりついて離れない。日本人とはこのような人間なのだ。(中略)この医師と自分をつなぐ血の紐帯をはっきり見すえないですますわけにはゆかない」と書く。

さらに大江は「このような日本人」とは沖縄を本土防衛の盾にした日本人であり、また米国の軍事戦略に沖縄を差し出した戦後の日本人でもある、とたたみかける。

大江の沖縄体験は、返還を前に葛藤するウチナンチュとの深い交流で深められた。特に「反復帰」を唱える詩人・新川明については「かれから受け取った言葉が次第に重くなり、その鉾先《ほこさき》が避けがたく僕の核心に迫ってくる」とまで書いている。大江は本土では経験したことのない抜き身の精神的格闘をこの地で味わったのだろう。

「沖縄ノート」は文章がやや難解であり「沖縄に同情しすぎだ」「自己嫌悪の連続」との書評もあった。記述にある集団自決が軍の命令だったか否かをめぐる訴訟の方が注目されたりもした。しかしそんな難解さや雑音を捨象すれば、大江が伝えたかったのは、沖縄は日本人の本性を映し出す鏡だという一点だろう。

大江は講演会などでしばしば「沖縄を知ってから、二つが変わった。私の文学と、私の生き方そのものだ」と話す。沖縄という鏡は、確かに不思議な解像度を備えている。その鏡は見る人に内省を迫る。言い換えれば、沖縄への態度はその人がどのような人間でありたいかを映し出しているとも言える。その集積こそがこの国の戦後民主主義の姿なのだと大江はみる。

大江の著作から半世紀。沖縄という鏡に映る日本人の姿は、どのように生きていくべきなのかという内省力さえ失ったようにみえる。

集団自決訴訟

『沖縄ノート』をはじめ家永三郎の『太平洋戦争』、中野好夫、新崎盛暉《あらさきもりてる》の『沖縄問題二十年』で、日本軍指揮官が住民に自決を強いたとの記述により名誉が傷つけられたとする元指揮官らが損害賠償や出版差し止めなどを求めた訴訟。２００５年に大阪地裁で提訴され、判決は「取材源等を確認することは困難であり、自決命令それ自体まで認定することは躊躇を禁じ得ない」としながら「記述には合理的な根拠があり、真実と信じる相当の理由があった」として原告の請求を棄却した。高裁、最高裁の判決もほぼ同様。

6

「そもそも社会の構造がまともではないのに、彼女らにまともであれ、とお説教を垂れる資格が誰にあるだろう」

（佐木隆三・作家＝『沖縄と私と娼婦』１９７０年12月から）

防波堤の中の防波堤

大江健三郎が『沖縄ノート』を上梓した同じ年、大江とは別の角度から復帰前の沖縄をみつめた作家がいた。『復讐するは我にあり』などの代表作を持つ佐木隆三（１９３７－２０１５）である。佐木は大江と同世代だが、大江が東大卒、芥川賞、ノーベル文学賞受賞と一貫して表舞台を歩いたのとは対照的な無頼派だった。

日本統治下の朝鮮半島で生まれ広島県の山間の寒村で育った。父親が戦死したため福岡県八幡市に移り、屑鉄などを売りながら県立高校を卒業して八幡製鉄に就職。一時共産党に入党するがまもなく離脱し作家活動に入る。週刊誌などでルポを書き続ける中、30代半ばでものにしたのが『沖縄と私と娼婦』である。

この作品で佐木は沖縄の風俗街に通いつめ、街娼と心身を重ねながら沖縄の底辺の息遣いを生々しい筆致で伝える。返還闘争が激化する中でなお残る沖縄戦の傷跡。その象徴が米兵を相手とする娼婦たちだった。地上戦で夫や父親など一家の稼ぎ手を失った女性たちの多くは体を売るしかなかった。それも、相手は肉親を奪った米軍の兵士たち。基地撤退を求める返還闘争の中で、彼女たちは沖縄社会の中でも冷たい視線を浴び孤独を深めていく。

それに抗するように綴られたのが、この言葉だ。これは佐木が見た底辺の沖縄と自身の経験した辛酸が化学反応を起こして紡ぎだした反逆の言葉である。佐木はもともと世界観やイデオロギーから沖縄に関心を持ったわけではない。沖縄の戦後を生き抜く人々の姿を、徒手空拳で生きてきた自分の姿と重ね合わせたのだろう。

本書には佐木の底辺からの眼差しが随所にみられる。米兵が出入りするAサインバーで佐木が出会った売春婦は皆、酒の追加注文に熱心な本土のそれと違って客の懐具合を案じた。佐木はそれが「島全体がサービス業といった印象の沖縄の人たちに身についた、哀しい習性ではないのか」と推察する。

また、売春専門の街をつくり、そこを防波堤にして米兵の犯罪から一般の女性を守れとの主張にはこう書く。「沖縄そのものが戦前も戦後も本土の防波堤にさせられたということである。そして娼婦は、防波堤の中の防波堤ともいうべき役割をえんじさせられてきた」

そしてその眼差しは、本土の民にも向けられる。「沖縄を異民族の支配にまかせて、日本でありながら日本でない状態をつくって、まともな償いひとつせず、沖縄県民に迷惑をかけたその土地に、このような仰々しい慰霊塔を建てて恥じないのか」。これは佐木が摩文仁《まぶに》の丘で都道府県の慰霊碑を見た時の思いである。

この作品は佐木のデビュー作から7年目と比較的初期の頃に書かれた。直後に佐木は一時的に沖縄に移住。2年後に千葉県に移るが、その後78歳で生涯を終えるまで、折に触れて沖縄関連の作品を出している。生涯を無頼で通した作家も〝沖縄病〟（218頁参照）にかかった一人だった。

Aサインバー

米軍公認の飲食店や風俗店に与えられた営業許可証を掲げるバー。米兵が店の女性や客との性交渉で性病を発症するケースが増えたため、米軍風紀取締委員会の衛生基準に合格した業者だけに付与された。「A」は「Approved（許可済）」の頭文字で、公認店舗は店頭に「A」の表示を掲げた。制度は1953年から始まり72年に終了した。

7 「史実を無視して『祖国』といい『復帰』とよんだ思想の中に、沖縄の側から再び『住民虐殺』を呼び込む危険を原理的にはらんでいる」

（増尾由太郎・著述家＝１９８２年11月12日付琉球新報「沖縄の内なる皇国史観・補論」から）

痛打された内なる皇国史観

高校教科書から日本軍による沖縄での住民虐殺の記述が削除されたとのニュースが流れたのは１９８２年６月のことだった。沖縄県教組や県労協などは直ちに文部省を非難し、中国や韓国などアジア各国からも批判が高まった。そんな中、沖縄にとって何とも間の悪い記事が地元紙に掲載された。沖縄県内の小学校９割で使い、自由に編集ができるはずの沖縄史の副読本に住民虐殺の記述がまったくないまま使用され、6年間も問題視されていなかったとの内容である。しかも、この指摘をしたのは東京在住の著述家、増尾由太郎《よしたろう》（1941－）だった。

増尾はかつて与那国島に1年半ほど住んだことはあるが、沖縄に地縁血縁はない。そのためか、「これは沖縄内部で提起され、議論されるべき事柄で、わたしのようなヤマトゥンチュがいうべきことではないと思うが」と遠慮がちに論を起こす。9月末から琉球新報で始めた6回に及ぶ連載は「沖縄の内なる皇国史観」とのタイトルで、副読本を書いた著者2人を追及していく。

増尾は、副読本が本来無縁だった琉球と大和朝廷との関係を無理矢理に関係づけていると指摘。これは著者のような沖縄の復帰派知識人の中にある根深い皇国史観に由来するものだと批判した。戦前の皇国教育を受けた沖縄の知識層の中には日琉同祖論をはじめ本土との一体性にこだわる人たちが少なくない。増尾はそこにこの問題の根っこがあると説く。住民虐殺を記述しなかったのも「沖縄の子供たちに、日本や日本人のことを悪く思わせたくない、という誤った『思想』」が背景にあるとした。その筆鋒は「（副読本は）魂の抜けた書物」「天皇制を今日の沖縄の子供たちに植え付けようとする非学問的な努力」などと、回を追うごとに苛烈になっていった。

これに対し著者の1人は、副読本は子どもたちの興味や関心を呼び起こすことに重点があり、詳述は困難だなどとする反論を5回にわたり連載。それに増尾がまた再反論するなど、論争はその年の終わりまで続いた。

掲げた増尾の言葉は再反論時の連載の中からの抜粋である。この中で増尾は副読本問題を超えて、本土復帰を待望した当時の沖縄知識人の根っこにある思想を問うている。ひたすら「本土並み」を願った盲目的な復帰運動は、戦前の皇国教育のアナロジーではないかとの問いである。

この論争は結局、増尾側に分のある形で終わる。復帰派の中心で当時の沖縄大副学長・新崎盛暉も「沖縄で作られている副読本の沖縄戦記述は、こりゃいったい何だ、とあろうことか、ヤマト側から指摘されてグウの音も出ないことになってしまう」と慨嘆した。長く本土と対峙してきた沖縄の知識層にとって増尾の指摘はまさに痛恨の一撃だったのだが、こうした不都合な真実に、沖縄のジャーナリズムが長期間にわたり広く紙面を割いたことも付記しておきたい。

日琉同祖論

日本人と琉球人はその起源として民族的には同一であるとする説。琉球王国の正史「中山世鑑《ちゅうざんせいかん》」（1650年）に平安時代の武将、源為朝が琉球に逃れ、その子が琉球王国の始祖となったとの記載がある。これは京都五山の僧侶が「真偽不明ながら」と断りつつ16世紀の文書に残したものが、その後の日琉間の僧侶交流で伝わったものとされている。「沖縄学の父」とされる伊波普猷《いはふゆう》もこの説に則って同祖論を展開した。

8「思はざる病となりぬ 沖縄をたづねて果たさむ つとめありしを」

（昭和天皇＝1988年1月に宮内庁発表）

「つとめ」にみる皇統の責務

昭和天皇の晩年はしばしば沖縄への思いで語られる。1987年9月、腸の病気で手術を余儀なくされ、10月の沖縄国体に合わせて予定されていた訪沖を断念。冒頭の歌はその翌年の年頭に宮内庁から公表されたものだ。そこには悔恨とも慚愧の念ともつかぬ思いが抑制を利かせた言葉で綴られている。

昭和天皇が周囲に沖縄訪問の希望を口にするようになったのは、皇太子夫妻が7月の沖縄海洋博開幕に合わせて訪沖することが固まった75年春のことだ。天皇はこの年の9月に米国を訪問する予定になっていたが、「私はどうするのだ。米国に行く前に（沖縄へ）行けないのか」と詰問し宇佐美毅宮内庁長官を困らせている。当時、地元ではまだ沖縄戦の記憶が残り、宮内庁は昭和天皇の訪沖を時期尚早と考えていた。

それがようやく実現に向かって動き出すのは85年10月、当時の西銘順治知事が上京し2年後の沖縄国体への臨席を願い出てからだった。その時、昭和天皇は皇太子時代の21年（大正10年）に御召艦「香取」で訪沖した話を西銘に伝え、「沖縄といえばすぐ漢那を思い出す」と、香取の艦長で沖縄出身の漢那《かんな》憲和《けんわ》海軍大佐のことを懐かしげに語ったという。

終戦直後の46年2月から54年8月まで全国46都道府県を巡幸した天皇にとって、沖縄は最後のピースであり、唯一の地上戦を経験した県民をねぎらいたいとの思いは確かに強かったのだろう。だが基地被害に苦しむ沖縄の現状や沖縄戦への贖罪の気持ちはそこにあったのだろうか。

2019年8月にNHKが特報した初代宮内庁長官・田島道治の「拝謁記《はいえつき》」には次のような昭和天皇の言葉が記されている。

「全体の為ニ之がいゝと分れば　一部の犠牲ハ已《や》むを得ぬと考へる事、その代りハ　一部の犠牲となる人ニハ　全体から補償するといふ事ニしなければ　国として存立して行く以上　やりやうない話」（1953年11月24日）

これは基地問題についての見解である。この当時は沖縄で米軍政府の土地収用令による強制接収があり、本土での基地反対闘争の余波で沖縄への基地移転が進んでいたときだ。

全体の利益のために一部が犠牲を強いられることはやむを得ない――。この冷めた思考は、天皇実録などこれまで公開されている文書をみる限り晩年まで変わった形跡はない。第2章でも触れたが、侍従長を務めた入江相政《すけまさ》の79年4月19日の日記にも「（沖縄）をアメリカが占領して守ってくれなければ、沖縄のみならず日本全土もどうなったかもしれない」という天皇の言葉がある。

拝謁記には米軍の駐留について「私ハむしろ　自国の防衛でない事ニ当る米軍ニハ　矢張り感謝し酬《むく》ゆる処なければバならぬ位ニ思ふ」（53年6月17日）と語ったとの記載がある。また基地反対運動についても旧ソ連の脅威を念頭に「平和をいふなら一葦帯水《いちいたいすい》の千島や樺太から侵略の脅威となるものを先《ま》づ去つて貰ふ運動からして貰ひたい　現実を忘れた理想論ハ困る」と批判している。

昭和天皇のこうしたリアリズムは、幼少期に受けた帝王学が原点にある。国体護持。つまり皇統継続という責務を果たすことが天皇にとっての最大の使命という教育だ。それは昭和天皇にとって戦争体験を経ても変わらないＤＮＡなのだろう。

その視点で冒頭の歌をみると「つとめ」という表現もすっきりと腹に落ちる。つとめとは巡幸した他の都道府県と同様に、戦禍を耐えた人々へのねぎらいをすることである。そして、それは皇統継続という使命を果たすための責務でもあったはずだ。

唯一の地上戦で多くの住民が犠牲になった県に巡幸を果たしていないという後悔の念。昭和天皇の「沖縄への思い」は贖罪とは異質の、あくまで皇統を継続していくという文脈の中でわき出る感情だったのではなかったか。

皇統継続

皇位の継承は皇室典範で皇統に属する男系の男子と定められているが、昭和天皇は敗戦により124代続いた皇室そのものの危機に瀕した。トルーマン米大統領は「天皇制の存廃は日本人民の民意によって決定されるべきだ」としたが、連合国の中にはオーストラリアなどのように天皇制廃止を強く主張する国もあった。結局、米国は天皇制による国民統合が理に適うとして存続を決め、昭和天皇自身も全国巡幸など皇統の継続を強く意識した活動を続けていく。

9

「私は自分がつくったものは芸術作品とは思っていない。何でもつくっている。だから陶芸家ではなく、自分は陶工だと思っている」

（金城次郎・琉球陶器製作者＝1985年3月23日に沖縄県初の人間国宝に決まった際の談話）

生きるため、暮らすため

かつて人間国宝というと、ちょっと恐れ多く近付き難い感じがしたものだ。それだけに沖縄初の認定者となった金城次郎（1912－2004）は異彩を放っていた。土で汚れた薄手のセーターに白いバケットハット。知り合いと目が合うと太い眉を下げて人懐っこい笑顔をみせる。魚やエビをモチーフにした作品もどこかユーモラスだ。陶芸界の大先輩で第1回の重要無形文化財保持者（人間国宝）に認定された濱田庄司は「次郎の魚はみんな笑っている。全国に陶芸家多しといえども、魚を笑わすことができる名人はほかにいない」と評した。

金城の大衆性を示す逸話がある。人間国宝決定の報が流れたとき、沖縄県内ではそれまで接客用に使っていた金城の茶わんや皿を慌てて陳列棚や金庫に収める会社や役所があったという。ちょっとした話を膨らました感じがなくもないが、それだけ金城の作品は実用に供され、また多作であったということだ。

那覇市の中心部にある壺屋は17世紀に琉球王国が窯場を集めてつくった陶芸の街だ。金城はその隣町で生まれ、幼いころから焼物に囲まれて育った。12歳で壺屋の雑用を担い、18歳の時に初めての製品を作る。傍らで農作業の手伝いもした。「半農半陶。焼物をつくるというよりは必要に迫られて」の仕事。生きていくために実用性を考え、暮らしていくための多作だった。戦時中は土瓶や汁椀のほか軍用のマカイや電柱の碍子《がいし》までつくり、戦後は米兵のお土産用の製品も請け負った。

金城の作品に息づく奔放さや融通無碍なのびやかさは、こうした来歴と無縁ではないだろう。時代の変化にしなやかに対応していく金城の柔軟な精神は、中国、朝鮮、薩摩などと融合した琉球文化とも相まって、作品に強い個性を育んでいった。

沖縄が本土復帰した72年、還暦を過ぎた金城はある決断を迫られる。半世紀近くいた壺屋に陶芸家が集中した結果、窯から出る煙が増えて近隣から苦情が相次いだ。多くの陶芸家は煙の出ないガス窯に転換したが、金城は「ガス窯は一様に焼け、光沢が強い。マキで焼くと光沢に強弱ができるのがいい」とこだわり、40キロ以上離れた読谷村に新しい窯をつくり移住する。

製作場所の移動はものをつくる人間にとっては死活にかかわる問題である。ましてや慣れ親しんだ窯を離れることは相当の覚悟を伴う。だが、金城は自身の対応力と柔軟性に賭けたのだろう。

その後、復帰後の土地開発によって使っていた土が採取できなくなり、脳血栓で右半身が不自由になるなど困難に見舞われる。最後まで言い続けたのは「よいものを、使いやすいようにつくる」。晩年は多彩だった模様や技法を封印し、自らの原点を確かめるかのように魚文模様にこだわって過ごした。大衆性の陰には、ひそかな自負があった。

沖縄陶芸

沖縄では焼物のことを「やちむん」と呼ぶ。1609年の薩摩の島津藩による琉球侵攻の後、薩摩から来た朝鮮人陶工が湧田村（現・那覇市）で製陶技法を伝えたのが始まりとされる。最初は無釉だったが、その後紋様や絵付けをして釉薬をかけるようになった。琉球王朝は1682年に島の各地にあった窯場を那覇中西部の壺屋に集め、琉球古陶と呼ばれるさまざまな陶器が生まれるようになる。実用と儀式儀礼用とが混在し、形のゆがみや偶然性を織り交ぜた多様な美意識が共存するのが特徴とされる。大正時代には本土にも輸出され、昭和に入ると日用品の美を発掘する民芸運動を率いた柳宗悦《やなぎむねよし》らが広く全国に紹介するようになった。

10 「毎日、死にたいと思ってたよ」

（喜屋武マリー・歌手＝１９８６年夏の利根川裕とのインタビューで）

差別が生み出した沖縄ロック

本土復帰前の沖縄は琉球、米国、そして本土が融合した不思議な空間だった。それはやがて米兵が捨てたコーラ瓶の破片に独特の色付けした琉球ガラスなど個性豊かな文化や芸術となって花開いた。喜屋武《きやん》マリー（現在の芸名はMarie：１９５１－）に代表される沖縄ロックもその一つだ。

マリーの父はイタリア系米国軍人で母はＡサインバーで働く沖縄の女性。結婚はしておらず、父は朝鮮戦争で戦死している。母はやがて別の米軍属と結婚して米国に渡った。祖母のもとで育ったマリーの生涯を決定付けたのは「ハーフ」に対する周囲の眼差しだった。敗戦直後の50年代は米兵と沖縄人女性との間に生まれた子供が少しずつ増え、学齢に達し始めた時期だった。当時の沖縄の大人たちにとって、自分たちの親族を殺した米国の軍人との間にできたハーフの子供への思いは複雑だった。学校の子供たちは別の意味で残酷だった。マリーはそのエキゾチックな相貌から「アメリカー」とからかわれ、下校時には「アカブサー」（赤毛）と同級生から石を投げられた。冒頭の言葉は、その時の心境を回想したものだ。

マリーはいつも下を向き、寄り道することもなく家に帰った。家にいるのは年齢の離れた祖母だけ。やがて付けっ放しの米軍向けラジオKSBKから流れる音楽に惹かれていく。中でもエルビス・プレスリーの挑発的な歌声とリズムは、少女の鬱屈《うっくつ》した心に馴染んだ。

マリーは定時制高校1年の夏、バイト先のレストランで知り合ったロックバンドのリーダー喜屋武幸雄と結婚。しばらく後にバンドのボーカルとして米国ではやるロックを歌うようになる。歌詞はラジオで覚えた流れるような英語。客はほとんどが米兵だった。多民族社会で育った米兵たちはマリーをハーフかどうか探るようなことはしない。それがマリーには心地よかった。このころのマリーにとってウチナンチュは自分を差別する側であり、それに対峙する米国は自分と同じ側にいた。

時はベトナム戦争真っただ中。明日は戦地で死ぬかもしれないと痛飲する米兵らの悲壮な表情は、別の極限状態を味わったマリーの厭世《えんせい》観とも通じ合った。半生の葛藤を乗せたマリーの歌には、大衆受けを狙った日本本土のロックにはない迫力があった。それは社会への反抗というロック本来の姿であり、沖縄の戦後史が生み出した不条理の産物でもあった。

1970年12月20日未明のコザ暴動のとき、マリーは現場にいた。夜のステージを終えての帰路、群衆がコザ十字路で米兵の車に次々と放火するのをみて、運転していた夫の幸雄は突然車から飛び出して群衆に加勢した。あれほど米兵と仲良くしていた夫もやはり根っこはウチナンチュだったが、マリーは冷めた目で暴動をみているだけだった。放火する群衆が、赤毛の自分に石を投げる同級生とだぶって見えたのだという。

米軍の圧政を受け、本土からも差別された沖縄の中にも、入れ子のような内なる差別構造があった。本島と離島、北部と南部など出身地域を色眼鏡で見る人も少なくなかった。とりわけ50年代、米兵との間に生まれたハーフへの冷ややかな視線は沖縄の裏面史の一つだろう。

マリーはその後、本土のレコード会社CBSソニーと契約。東京や大阪でライブを開くなど、沖縄ロックのヒロインとして一時代を築く。内なる差別をエネルギーに換えて駆け上がったマリー。だがその周辺に、マリーになれなかったたくさんのアカブサーがいたことは言うまでもない。

ハーフ

外国人と日本人の親を持つ人はハーフと呼ばれてきたが、最近はポジティブな印象がある「ダブル」との呼称もあり、その容貌から若い人を中心に憧れの対象にもなっている。だが、それはごく最近のことで、沖縄では本土復帰後もしばらく差別的な眼差しが残っていた。生活実態の面でも日本では1984年の国籍法改正まで父の国籍に従う父系血統主義だったため、父が米国に転勤し母と2人で暮らしている子供の場合、国籍がなく教育を受けられないようなケースもあった。

11
「東京に出てきた時は沖縄出身というだけでアパートの契約ができなかったんです」

（具志堅用高・元プロボクサー＝2018年4月5日放送の日本テレビ系番組「ケンミンショー」での発言）

プロの厳しさの前に味わった苦渋

いまやバラエティー番組の常連となった具志堅用高《ぐしけんようこう》（1955－）が笑いの中に差し挟んだ逸話がこれだ。石垣島生まれの具志堅は中学卒業後に沖縄本島に渡って興南高校でボクシング部に入部。3年生のときにインターハイで優勝して拓殖大学の体育推薦入試に合格する。

具志堅は番組の中で「本格的にプロを目指して東京に出てきた」と話しているが、これは少し事実と違う。1974年春、拓大に入学するつもりで羽田に降り立った具志堅を空港で待っていたのは協栄ジムのマネージャーである高橋勝郎。彼が具志堅を空港からジムに連れていき、半ば強引に勧誘してプロの世界に入れたのはボクシング界では有名な話だ。

協栄ジム入りを決めた具志堅が最初に味わったのはプロの厳しさではなく、沖縄への差別だった。協栄ジムは当時国鉄代々木駅のそばにあり、当面のバイト先であるとんかつ屋は飯田橋にあった。具志堅はジムを通じて便の良いアパートを探したが、「具志堅」という名から出身地を聞いた家主は相次いで契約を断ったという。「朝鮮人、琉球人お断り」と入居勧誘のビラに堂々と記す大家は戦前から多くいた。

日本語がわからない、習慣が違う、喧嘩っ早い――。そんな根拠のない風評を、同質の環境に慣れ親しんだこの国の住人は疑うこともなく受け入れてきたのだろう。具志堅の先輩たちも代々同じ苦渋を味わい、人としての誇りを傷つけられてきた。

そして76年10月、ドミニカ共和国の強打者ファン・グスマンを7回KOで破ってウチナンチュが初の世界王者となる。その時、沖縄出身の先輩たちが具志堅にかけた言葉は、「おめでとう」でなく「ありがとう」だったという。胸がつぶれるような逸話である。

しかし、これは過去の話ではない。

具志堅の逸話から半世紀近く後の2016年3月、琉球新報社東京報道部長として赴任してきた新垣毅も都内に部屋を借りようとした際、「偏向している沖縄の新聞には貸さない」と入居を断られている。新垣は自らの体験を自社の紙面で記事にした。

16年10月には沖縄県東村高江の米軍北部訓練場付近で、大阪府警機動隊隊員がヘリコプター離着陸帯建設に反対する地元の住民たちに対し「土人が」と発言している。

沖縄出身のスポーツ選手やアーチストが列島に感動をもたらし、少なくとも若い人たちの間には昔のような理不尽な目線はなくなったようにもみえる。だが、一皮めくるとどうか。人の心の奥底に根深く巣食う差別という劣情は、社会のあちこちで間欠泉のように顔を出す。

沖縄のボクサー

具志堅用高以降、沖縄からは上原康恒、渡嘉敷勝男、友利正、浜田剛史《つよし》、平仲明信、比嘉大吾の7人の世界王者（非公認団体、暫定を除く）が出ている。日本の歴代世界王者は92人なので、都道府県別では大阪府（9人）に次いで東京都と並ぶ2位。もともと沖縄空手など格闘技が盛んだったが、興南高校で具志堅らを指導した金城眞吉《きんじょうしんきち》ら名伯楽の存在も大きい。金城は浜田、平仲ら沖縄出身者のほとんどを手掛けたほか、後年は東洋大ボクシング部監督を務め村田諒太も指導している。2017年11月に死去。

12

「私が『沖縄代表』のように見られることを一番気にしていたのは母でした」

（南沙織・歌手＝２０１１年１月１日用配信の共同通信のインタビューでの発言）

故郷語れなかった「時代の子」

沖縄出身芸能人のさきがけとされる南沙織（１９５４－）は、デビュー直後の所属事務所のプロフィールでは鹿児島県奄美大島出身とされていた。フィリピン人の父と日本人の母のハーフとの記載もある。実際は宜野湾市の生まれ。本名は内間明美。両親とも日本人で、母の再婚相手がフィリピン人だった。もうひとつ付け加えれば、デビュー曲「17才」が発売された１９７１年６月１日時点で南は16歳だった。

イメージを大事にする芸能界にこの程度の虚飾は付き物だが、デビュー時に出身地を曖昧にしたのは沖縄返還闘争の余波なのか。それとも依然はびこる沖縄人差別を気にしてのことか。本人いわく「ハーフで沖縄というとイメージが暗いから、とレコード会社の人が勝手に」(『新人国記』)。ただ、デビュー曲がヒットしてからは堂々と沖縄生まれを名乗るようになり、健康的な容姿と相まって人気に拍車をかけていく。この言葉はそのころの思いを語った40年後の南の回想である。

当時、芸能界には沖縄出身者はほとんどいなかった。だから「沖縄を背負っている」という気負いもあったという。そのことを知っていた母は南に「何も残さなくていいから。ただ『あの子はいい子だったね』と思われるように」と声を掛けている。

それは娘を思う母の気遣いだけではないようだ。母の再婚相手、つまり南の義父は実家の目の前にある普天間飛行場の基地労働者だった。フィリピン人の義父は英語が話せることから他の沖縄人労働者に比べて待遇もよく、母は「沖縄が日本に返還されることはない」と信じて南をインターナショナルスクールに通わせた。奄美出身の母はウチナーグチ(沖縄方言)を話さず、琉球舞踊も知らなかった。70年前後に沖縄で湧き上がった本土復帰運動への思いも多くの県民と異なるものだった。沖縄が本土復帰を果たし、仮に基地が縮小・撤退していけば家族が食べていけなくなると思ったからだ。南は当時の心境を「とても複雑な心境だった。素直に喜べなかった」と語っている。

南のデビューに当たって母の胸中に宿ったのは、基地の恩恵に依存する自分たちは決して「沖縄代表」を名乗れないというリアルな思いだったのではなかったか。

歌手として人気を得た南自身も、「沖縄を背負っているという思い」がある一方で、積極的に「沖縄」を語ることはなかった。南にとって沖縄は故郷ではあるが、同じ年代の沖縄人とは違う何かを感じていた。2002年、南は沖縄タイムスのインタビューで「(私は)皆さんが想像するような沖縄育ちと言える立場ではない。（中略）27年間のアメリカ統治下の『時代の子』として特殊な世界に暮らし、育ったことをあらためて実感するのです」と語っている。

政府は72年５月15日に日本武道館で開かれた沖縄復帰記念式典に南を招待している。開会間際に駆け込んできた南は「なんか胸にジーンときちゃった。基地や生活のこと？　そういうこと、よくわからないの」（毎日新聞16日付朝刊）とコメントを残し、途中退席して別の仕事場に向かった。複雑な思いをひた隠し、大人のつくった段取りに沿うことが「いい子」としての務めだったのだろう。

78年に芸能界を引退し、翌年写真家の篠山紀信と結婚、３人の息子を育てた南は91年末のＮＨＫ紅白歌合戦に出場して活動を再開した。そこには沖縄を背負うことに苦しんだ若き日の葛藤はない。

「沖縄は、私にとって原点であり、ルーツです。素朴で自然に溢れた風景、音楽…生まれ育ち、多感な時代を過ごした沖縄のすべてが、今も私の中にいきづいています。故郷沖縄に対する感謝の気持ち、精神的な繋がりは、強まっていくように感じます」。そして返還後になお残る広大な米軍基地についても臆さず語った。

「普天間のような人口密集地になぜ、いまだに飛行場があるんでしょうか。移設先が辺野古というのもだめ。（中略）とにかく海を汚してほしくない。これが絶対条件です」

基地経済

沖縄の米軍基地への経済的依存度（県民総所得に対する軍雇用者所得、軍用地料、米軍への財とサービスの提供など）は戦後復興もままならない1950年代には50％以上だったともいわれる。だが本土復帰時の72年に15・5％、2015年には5・3％まで減少した。返還された基地の跡地を開発した那覇新都心の経済効果は返還前に比べると32倍とされる。かつて「基地で食っている」とも言われた沖縄だが、基地があることで本来できるはずの経済活動が阻害されている面も大きい。

13

「手分けして夜中二時、三時まで一軒一軒飲食店などをたずね、オリオンビールを飲み、宣伝、売り込みをするわけである。この作戦は見事に当たった」

（具志堅宗精・オリオンビール創業者＝1979年8月の沖縄タイムス連載「私の戦後史」から）

四天王が残した〝遺産〟

戦後、沖縄財界四天王と呼ばれたのは国場組創業者の国場幸太郎、琉球セメントの宮城仁四郎、那覇空港ターミナル設立者の大城鎌吉、それにオリオンビール創業者の具志堅宗精《ぐしけんそうせい》（1896－1979）の4人だ。いずれもあくの強さと押し出しで一家をなしたことに違いはないが、中でも具志堅の経歴は異色である。農学校を中退後、22歳で大阪に移り造船所に勤めた後、沖縄に戻り警察官となる。戦時中は那覇署長として島田叡《あきら》知事の警護にも携わった。米軍捕虜となった後、今度は宮古民政府知事に就任。官界から退き、弟が経営するみそ・醤油業に転じたのは54歳になった時だった。

具志堅はそこで培ってきた人脈と知略を存分に発揮する。53年には本土産醤油の全面輸入禁止を米民政府に働きかけてかち取る。56年、ビール製造に乗り出す際にも同様に輸入規制を求め、一方で琉球銀行総裁に掛け合って工場設立資金を引き出す。殺し文句は「これは沖縄人による沖縄人のための事業なんだ」。ハッタリもあったが、半分以上は本気だった。公私のけじめにもこだわり、家族には会社の車を使わせなかった。家のビールも小売店で必ず買うよう仕向けた。

オリオンビールは滑り出し好調だったが、頼りにしていた米民政官が交代したこともあって輸入規制は実現せず、販路は伸び悩んだ。

そこで具志堅が繰り出したのが人海戦術。社長、幹部職員だけでなく関係会社幹部も総動員し繁華街を回り商品を売り込んだ。冒頭に記載したのは地元紙に連載した自叙伝の中の言葉だ。人脈がだめなら力業。幹部らに言わせるせりふも指示していた。「本土のビールを飲めば沖縄の金が本土に行ってしまうが、オリオンならまわりまわって沖縄人の所得になるじゃありませんか」。このあたりの図々しさと胆力が四天王たる所以だろう。

図々しいといえば、かのキャラウェイ米高等弁務官を表敬訪問したときのこと。具志堅は知名度アップのためどこへいくにも社章の入った白い〝オリオン帽〟を被っていくが、このときは帽子掛けに掛けたまま辞去した。後で気付いたキャラウェイは「大した経営者だ。忘れたと見せかけて自分が来たことを印象付けようとしている」と感嘆したという。

そして具志堅の真骨頂ともいえる折衝力がものを言う時が来る。72年の本土復帰の際に本土からキリン、アサヒなどのライバルメーカーがなだれ込んでくるのを防ぐため税調（自民党税制調査会）のドン山中貞則に働き掛け、オリオンビールへの20％の酒税優遇措置を実現する。

沖縄に贖罪の意識を持つ山中に、具志堅は食い込んでいく。山中が沖縄に来たときには必ずブルーメタリックの派手なキャデラックで送迎した。その恩恵かどうか、５年ごとの見直しとされたはずのこの優遇措置は、半世紀近くたった今も続いている。

具志堅は79年、83歳で没する。その後も税制優遇などの恩典を背景にオリオンは最も有名な沖縄ブランドとなり経営は順調にみえたが、高度成長を終えた日本経済には沖縄への存分な支援をする余裕はなくなり始めていた。21世紀に入り、山中は軽減措置がいずれなくなるとの見通しからオリオン経営陣にアサヒビールとの提携を持ち掛け実現させる。本土の大手との対等な競争に備えた経営強化策である。一方で、この頃から創業家である具志堅家とプロパー経営陣との対立が深まっていく。

２０１９年１月、オリオンは米投資ファンド、カーライル・グループと野村ホールディングスに事実上売却された。保有株を高く売りたい創業家と、創業家の影響力を排除したい経営陣との妥協の産物だったが、沖縄県内では「県民のビールを勝手に売り払った」と批判の声も上がる。

ここ数年のオリオンの純利益は、依然として税制優遇の効果が大半を占めるとされる。具志堅が徒手空拳から築いた名物企業は、結局、創業者が残した〝遺産〟に頼り続け、独力で立ち上がる力を持ちえないまま今日に至った。

沖縄には毎年3000億円超の振興予算が組まれ、沖縄を特別扱いした規制も多い。本土の政治家にはそこに汗をかくことが沖縄への贖罪だとの思いもある。だが皮肉なことに、オリオンの軌跡はその優遇措置が経営者の創意工夫を妨げる〝麻薬〟になっていることを物語っている。

沖縄振興予算

沖縄県は1972年の本土復帰まで国の予算でインフラ整備がされず、その遅れを取り戻すために沖縄振興特別措置法が制定された。関係省庁別に予算折衝する他の都道府県と違って現在は内閣府が一括して予算の窓口となる。その総額が沖縄振興予算で毎年平均3000億円程度が配分されている。他の都道府県より補助率が高いなど有利な面もあるが、特別に予算が上乗せされているわけではない。県と市町村の合計で国からの財政移転をみると、全国で12位（2016年度）。

14

「いつまでもヒステリーじみた抗議だけ。かと思うと一方では同情ばかり買おうとする。こじきじみてやしませんか、今の沖縄の人は」

〈照屋敏子・実業家＝大宅壮一とのインタビューで～『時代を彩った女たち近代沖縄女性史』の「照屋敏子」の項〈山川岩美執筆〉から〉

ウチナーに自立求めた女傑

沖縄の政財界人を一刀両断するこの発言の主は、「女海賊」「女山田長政」などの異名を持つ照屋敏子（1915－84）である。照屋は取材にきた大宅と意気投合したようで、この言葉の前後にも「当時はアメリカに、今は本土政府に補助金、援助金欲しさにペコペコ頭ばかり下げているやからがやたら目につく」「（沖縄人は）自分の力で生きていこう、という根性が欠けていますよ。キンタマとはジンブン（知恵）と根性ということなんですよ」と過激なフレーズを並べている。

激流のような敏子の人生をひと言で評するなら、本人も好んだ「根性」というありきたりな言葉を使いたくなる。その原点は漁業の町・糸満での幼少期の体験と、戦後の本土九州でみた沖縄人の悲惨な扱いだった。

彼女の生涯は小学館ノンフィクション大賞を受賞した『沖縄独立を夢見た伝説の女傑　照屋敏子』（高木凛著）に詳しい。糸満の網元だった両親を早くに失い祖母に育てられた敏子（旧姓玉城）は、小学生のころ学校から帰ると毎日頭に魚の荷を載せ、那覇までの8キロの道を歩いて売りに行った。1920年代、大正から昭和に変わる時代のことだ。子供のころから大柄だったとはいえ、魚は自分の体重よりも重く、亜熱帯の道は砂塵が舞い坂も多い。1日の稼ぎは5銭程度。この苦行ともいえる日課が後に海の女としての強靭な心身をつくっていく。

昭和初期、十代の照屋は両親の束縛がないこともあって、貨客船に乗り込んでサイパンなど南洋の島々に出掛け、黒檀のステッキなど現地の物資を買い込んでは沖縄で売っていた。幼い頃に魚売りで鍛えた商売のカンと勝気な性格がものを言った。19歳の時にパラオで小学校の恩師・照屋林蔚《りんい》と再会し結婚。照屋家は水産会社を経営する那覇の名門家系だったが、沖縄戦の直前の空襲で焼け出され、一家は九州に逃れる。そして敗戦後に福岡でみた引き揚げ者たちの光景が敏子の生き方を決定づけていく。

連合国軍総司令部（GHQ）は当時、奄美と沖縄出身者を「非日本人」として他の引き揚げ者と区分けし、本土での沖縄人は罹災者としても十分な扱いを受けられなかった。鹿児島引揚援護局の記録によると46年3月、GHQの命令で沖縄や奄美大島出身引き揚げ者の送還業務が停止され、「非日本人登録」が行われている。そんな中、敏子は博多駅でムシロを被せられた死体を多数目撃する。

名札をみると沖縄の姓ばかり。飢えたりまともな手当てを受けられなかったりしたため、多くの沖縄出身者が野垂れ死にしていた。

そのころ行き倒れが多い沖縄出身の引き揚げ者の扱いに手を焼いていた福岡県から素封家の照屋家に援護事業の要請があった。敏子は「私の正義感が黙っていない」と引き受け、46年に沖縄人約２００人を集めた水産会社を設立、自ら船に乗り玄界灘や長崎近海で漁を始める。網元の娘は文字通り水を得た魚となってぐんぐん漁獲高を上げた。だが底魚まで根こそぎさらっていく荒っぽい糸満漁法は九州の他の漁師から目の敵にされる。そして数年後、漁業法の施行を機に九州各県が敏子の船団を漁場から締め出し、敏子は失業する。この一件で敏子の〝本土不信〟は決定的になったのだろう。後に敏子はこう語っている。「母国だ、祖国だと騒いでいますが、日本が何百年、沖縄を支配し、沖縄人を差別してきたか、ご存じですか。（略）『沖縄の建設をやってくれ』と私たちをおだてて帰しながら、一銭の転業資金もくれない。私は自分を、日本政府がこれまでやってきたことの証人の１人だと思っています。戦前も戦後も、日本政府は本土のことしか考えなかった」

敏子はめげなかった。今度はシンガポールまで出掛けて現地の華僑と合併の水産会社を設立し、南太平洋で操業の指揮を執る。しかしマラヤ連邦の独立で、この事業も頓挫。このときシンガポールから持ち帰ったワニ革バッグをもとに那覇市の国際通りで高級宝飾店「クロコデールストア」を開店し大当たりする。敏子はその後、この店の利益を貯めることなく魚の養殖事業やメロン栽培、ウミガメの人工ふ化など次々に新規事業を始める。時は本土復帰の直前。敏子の胸中にはあったのは「沖縄の自立」だった。

「基地経済と温室の中で怠惰に慣れてきた沖縄の人たちに、やればできるんだということを身をもって示したかったから。いつまでも差別を叫んで、ひがみ根性を持つより、自分たちの力で自分たちの仕事を開発しなければ、沖縄はいつまでたっても立ち直れません。私はその捨て石になるつもりです」

〝本土並み〟で復帰すれば、市場の競争にさらされる。これまでのようにサトウキビも一定の価格で買い上げてもらうというわけにはいかない。沖縄に産業を興さなければまた本土にやられるとの思いだ。だが無謀な投資に反対する子供たちは相次いで敏子の元を離れていった。「もういいじゃないか」と抑えにかかる周囲に抗し、一心不乱に新たな事業を興そうとする敏子の姿は、「フリムン」(狂者)にみえたという。

冒頭の言葉は、そうした敏子の思いをよそに本土の権力に擦り寄る沖縄の男社会への強烈な皮肉である。1959年の訪沖以来、照屋と親しくなり意気投合した大宅壮一とのインタビューで語った言葉だが、時期ははっきりしない。

敏子は本土復帰22年目の68歳のときにガンで死去。事業の多くは道半ばだったが、その生涯が「自立」という沖縄の課題を先取りしていたことは間違いない。

糸満漁師

沖縄本島南部の糸満は「海人《うみんちゅ》の町」として沖縄随一の漁港だった。一本の大木の内部をえぐりとってつくった爬竜《はりゅうせん》舟に乗り込み、さまざまな仕掛けで網に追い込む荒い漁法で知られ、時にはダイナマイトも使ったといわれる。操業域も金華山沖からインド洋までと広く、最盛期の戦前から戦後にかけては人手不足を補うため、本島北部の貧困層の少年たちを前借金と引き換えに雇い入れる「糸満売り」という年季奉公まであった。現在の漁業就業者数は１００人強。

第5章
平成の胎動

1

「花よおしやげゆん《ユウシヤギユン》 人知らぬ《フィトゥシラヌ》魂《タマシイ》
戦ないらぬ《イクサネラヌ》世よ《ユユ》 肝に《チムニ》願て《ニガティ》」

※「花を捧げます 人知れず亡くなった多くの人の魂に
戦争のない世を 心から願って」

（明仁上皇＝皇太子時代の1975年7月17日に沖縄訪問をした際に詠んだ琉歌）

象徴像を培った地

２０１９年４月に退位した明仁上皇（１９３３－）は、30年前の即位時とはまったく印象が違う天皇として国民の記憶に残る。災害があれば膝を屈して被災者に接し、大戦の戦地を訪れては深くこうべを垂れた。そして、沖縄への思い入れは地元県民の皇室感情を大きく変えた。

沖縄タイムスと琉球放送の県民意識調査（千人規模の電話調査）によると、即位直後の１９８９年

2月には天皇に「親しみを感じる」が53・0％。それが退位時の2019年4月には「好感が持てる」が87・7％に上った。問いのニュアンスは微妙に異なるが、沖縄県民の皇室観が劇的に変化したことは確かだろう。

その原点は皇太子時代にある。75年7月17日、明仁親王は訪沖が果たせない昭和天皇の名代として沖縄海洋博開幕の式典に合わせ沖縄入りした。昼過ぎに那覇空港を出発し、本島最南端のひめゆりの塔に到着。塔の前で説明を受けているさなかに、洞穴から出てきた過激派に火炎瓶を投げつけられる。炎は皇太子夫妻の足元まで及び現場は騒然とした。だが、皇太子夫妻はその後予定を変えることなく、約2キロ離れた慰霊地・魂魄の塔に向かった。冒頭に掲げたのは、その際に詠まれたとされる皇太子の琉歌である。

もちろんこれは事前に準備されたものだが、皇太子は沖縄入りする前から八八八六で詠む沖縄の定型詩・琉歌の研究を重ね、思いをそこに託すことを訪沖の目的としていた。皇太子は16～17世紀の琉歌集『おもろそうし』などから琉球国王の歌を写し取り、学んでいたという。

火炎瓶事件のあった日の午後10時、同行の報道陣に皇太子の談話が配られる。

「払われた多くの尊い犠牲は、一時の行為や言葉によってあがなえるものではなく、人々が長い年月をかけて、これを記憶し、一人一人、深い内省の中にあって、この地に心を寄せ続けていくことをおいて考えられません」

皇室に対し複雑な感情を抱いていた沖縄県民はこの日、時代が変わりつつあることに気付いたのかもしれない。

皇太子はその後81年8月の記者会見でも「日本ではどうしても記憶しなければならないことが4つあると思います。（終戦記念日と）広島の原爆、長崎の原爆の日、そして6月23日の沖縄の戦いの終結の日」と述べ、本土の人たちに馴染みの薄かった沖縄の弔い日を挙げている。

即位後も沖縄への思いは変わらなかった。歌会始のお題の候補に「駅」があるのを知ると、鉄道のない沖縄の人には詠みにくいと別のお題を選んだ。97年2月に屋良《やら》朝苗《ちょうびょう》が亡くなった際には葬儀に供花するよう伝え、侍従長が県知事への供花は前例がないと難じると、沖縄復帰後の初の知事なのだからと押し通したという。2019年2月24日の在位30年を祝う政府主催の式典では、沖縄出身の歌手・三浦大知が招かれ、『歌声の響』という楽曲を独唱した。この曲は、皇太子時代の1975年に名護市のハンセン病療養所「沖縄愛楽園」を訪問したことがきっかけとなって詠んだ琉歌に、美智子上皇后がかつて曲をつけたものだ。

この異常なまでの沖縄への思い入れの根っこには何があるのか。

上皇が皇太子時代から象徴天皇とは何かをひたすらに自問していたことは知られている。父の時代にあった大きな過ち。戦後も続く沖縄の苦悩。そこに祈りが向かない本土の風景。その内省の果てにたどりついたのが「声なき人びとの苦しみに寄り添う」という象徴天皇の在り方だったのだろう。だとすれば、それは沖縄という地が培養したといっても過言ではないはずだ。

皇太子時代から模索を続けた象徴天皇像は、30年という平成の時代を通して沖縄の人々だけでなく、多くの国民に認知されていく。

火炎瓶事件

沖縄解放同盟準備会などのメンバーの２人は皇太子夫妻が訪れる約１週間前の７月11日に「ひめゆりの壕」に潜入。警察が本格的な警備に入る前の間隙を突いた。警察庁から警備責任者として派遣され、この事件で解任された佐々淳行警備局警備課長は後年、自著で、壕内の安全確認を沖縄県側に求めたが「『聖域』に土足で入るのは県民感情を逆なでする」と反対されたために実施できなかったと記している。

2

「行政をあずかる者として、本来一番に守るべき幼い少女の尊厳を守れなかったことを心の底からおわびしたい」

(大田昌秀・沖縄県知事＝1995年10月21日、米兵による少女暴行事件を糾弾する県民大会での発言)

民意をてこに得た果実

1995年9月4日午後8時ごろ、米兵3人が沖縄本島北部の商店街で買い物をしていた12歳の女子小学生を車で拉致し、近くの海岸で強姦した。被害届を受けた沖縄県警は7日に逮捕状を取ったが、被疑者が起訴されるまでは米側が身柄を拘束するという日米地位協定で逮捕ができず、事件捜査は暗礁に乗り上げた。

55年の6歳女児強姦殺人事件や70年のコザ暴動のきっかけもそうだったが、戦後の沖縄では米兵による事件事故は日米地位協定で実質的に日本側に捜査権がなく、基地に逃げ込んだ被疑者のその後はうやむやになるケースが多発した。そして少女を強姦したこの事件で鬱積した県民の怒りが爆発、参加者8万5000人（主催者発表）という本土復帰後最大の参加者を集めた抗議集会が宜野湾海浜公園で開かれた。

これはその時に挨拶に立った知事の大田昌秀《まさひで》（1925-2017）の言葉だ。大田は「これまで沖縄は協力を余儀なくされてきた。今度は日本政府や米政府が協力する時だ」と述べ、基地の縮小や地位協定の見直しを訴えた。後から振り返ると、この大会こそが沖縄の民意を覚醒させ、今に至る政府との対立の出発点となったと言っていいだろう。

大会前の9月28日、大田は期限切れが迫った米軍用地強制使用手続きに伴う土地や物件調書への代理署名を拒否する方針を示した。地主の同意を得ないまま米軍が接収した土地は、期限が切れるたびに自治体の首長が国に代わって強制使用の署名をすることになっていたが、大田は「到底困難だ」とした。代理署名の拒否は、米軍基地として使用する土地が不法占拠の状態となり、日本政府にとって日米安保体制を根幹から覆す重大事態だった。闘う知事の姿に、沖縄の民意はさらに熱量を増した。

この時の経緯について大田は退任後の回想録『沖縄の決断』で「拒否したのは、少女暴行事件がきっかけだった、というマスコミの解説をしばしば目にすることがあった。それは事実に反する」と指摘。95年春に出た米国防総省の「東アジア戦略報告」で米軍が冷戦崩壊後もアジア太平洋地域で米軍十万人体制を維持するとの記述を読み、沖縄の基地固定化を強く危惧したための代理署名拒否だったと明かしている。回想録はとかく本人に都合よく書かれるものだが、学者として基地問題をライフワークとしてきた大田が基地の整理縮小を最大の政策課題としていたことは確かだろう。県民は少女暴行への怒りで署名を拒否したと思っていたが、大田の思いは別にあったのだ。

代理署名問題は国が沖縄県を訴え、96年8月に最高裁で県は敗訴するが、その裏側で大田は一つの果実を手にする。沖縄の怒りの民意は本土の経済界でも話題になり、当時の橋本龍太郎首相と知遇のある秩父小野田セメント会長の諸井《もろい》虔《けん》が96年2月、ひそかに沖縄入りし大田に橋本との橋渡しを買って出た。大田は諸井に危険性が最も高い普天間飛行場の返還を最優先してほしいと訴え、諸井は橋本に会って要望を伝えた。普天間返還が初めて日米間で取り上げられたのは、その数日後に米サンタモニカで行われたビル・クリントン大統領との日米首脳会談だった。

普天間返還は怒りの民意と学者知事との共闘が生み出した産物だったが、その後の経過は当事者たちの思いを離れ曲折を重ねることになる。

東アジア戦略報告

冷戦終結に伴い米国の国防費節減が予想される中、1995年2月にクリントン政権下で安全保障担当国防次官補を務めたジョセフ・ナイが中心となって作成された報告書(ナイ・レポート)。東アジアでの「地域安定力としてのアメリカの中心的な役割に変化はなく、その重要度は落ちていない」とし、10万人規模の在外米軍の維持を訴えた。背景には当時の日米経済摩擦や安全保障面での日本の独り立ち論があり、冷戦後の日米安保を再定義することで、東アジアでの米国の影響力維持を図る狙いがあったとされる。

3 「順位はつけてあるけれど、決めることはできるんだから、沖縄でどうだい」

（小渕恵三首相＝１９９９年４月29日に野中広務官房長官との話し合いでサミットの開催場所を決定〜『聞き書　野中広務回顧録』から）

情熱と知略と

２０００年７月のサミット（先進国首脳会議）を沖縄県に決めた小渕恵三（１９３７－２０００）は若くして〝沖縄病〟（２１８頁参照）にかかった政治家の１人だ。早大文学部時代に沖縄東京学生文化協会に所属。本土復帰前の沖縄に何度も足を運んだ。沖縄では同じ稲門会の先輩で琉球石油社長だった稲嶺一郎（後の沖縄県知事・稲嶺惠一の父）宅に寝泊まりし、翁長雄志の実兄で当時琉球政府にいた翁長助裕らとも交流を重ねた。

ただ、若き日の小渕がなぜ沖縄に傾倒していったかを示す決定的なきっかけは見当たらない。小渕は衆院議員だった父の光平を大学1年の夏に亡くしており、相前後して早大雄弁会に所属している。当時の沖縄が60年安保闘争と絡んだ政治の舞台でもあったことから、将来に向けて政治的思考の鍛錬の場として選んだのかもしれない。

63年に26歳の若さで初当選した小渕は父の所属した佐藤派（後の田中派、竹下派）に入り、初入閣したのが総理府総務長官兼沖縄開発庁長官だった。このころから「沖縄県民斯《カ》ク戦ヘリ」の大田實《みのる》少将の逸話（28頁参照）を周囲に語るようになる。そして98年7月に首相の座を射止めた小渕の前に迫っていたのが日本で2度目の開催となるサミットだった。

サミット開催地には大阪市、福岡市、宮崎県、沖縄県など8つの地域が招致に向けて手を挙げていたが、警備、宿泊、輸送などを点数化した関係省庁の比較表では沖縄県は最下位。特に外務省は反対だった。米国政府も基地を抱えて反米感情も強いことから難色を示していた。

冒頭の言葉は、官房長官の野中広務とサシで話し合い、沖縄サミットを決めた瞬間の小渕のせりふを野中が回想録の中で記したものだ。野中は「ああ、それはできますよ。決めたらできますよ。じゃあ、二人で決めたことにしましょう」と答え、すぐさま部屋の外にいる官僚を呼び込んで決定を伝えた。米政府は抵抗の構えをみせたが、駐日大使のトーマス・フォーリーがクリントン大統領を説得。クリントンは当時の知事、稲嶺が小渕と古くから親交があったことに注目し、サミット開催をテコに普天間移設が進むことを期待するようになる。

一方、この決定は沖縄県にとっても意外だった。ブッチホンで有名な小渕はすぐに稲嶺知事に電話。「沖縄にするよ」と言ったが、反応が鈍い。稲嶺は後日「九州・沖縄サミットだから、九州のどこかで首脳会談をやって、外務大臣会議ぐらいを持ってきたんだろうと思っていた」と語っている。

野中は回想録で、小渕が「『この決定は大田司令官の電報に対する返事でもあるんだ』と話しておられた」と綴っている。実は決定の１カ月前、ＮＨＫの番組でニュージーランド在住の大田少将の娘大田昭子が「日本政府はいろいろやってくれましたが、さらにもう一つ大きなことをやってくれれば、父の死も浮かばれますね」と話すのを小渕は見ていた。サミットから4カ月後、ニュージーランドで開催されたＡＰＥＣ首脳会議のさなか、小渕は昭子を宿舎に招き「あなたの一言で沖縄開催を決めました」と語ったという。

サミットの会場は沖縄でも交通の便がよくない北部の名護市に決めた。いわずと知れた普天間飛行場の移設先・辺野古を抱える自治体である。約４００億円とされる沖縄でのサミット開催予算は主にこの地域に使われた。サミット翌年に控えた沖縄県知事選をにらんでのことだ。若き日から携えてきた沖縄への情熱のそばには、当然ながら政治家としての知略もあった。

沖縄サミットと海洋博

１９７５年7月から約半年間開かれた沖縄国際海洋博覧会（本部町）は72年の本土復帰記念事業の一環として政府が誘致。沖縄自動車道の一部開通や国道の拡幅、リゾートホテル建設などインフラ整備が進んだ。だが入場者数は当初見込みより１００万人少ない３５０万人にとどまり、閉幕後は建設、ホテル業の〝海洋博倒産〟が相次いだ。沖縄サミットも各国の報道陣約４０００人をもてなすため豪華なプレスセンターを設置したため周辺商業施設の売り上げは伸びず、北部振興にはつながらなかった。各国報道陣に配られたプレスキットにはＩＣレコーダーなど高価な商品も入っており、予算の無駄遣いとの批判もあった。

4 「沖縄の人は日本政府に対するごまかしとゆすりの名人でゴーヤーも栽培できないほど怠惰だ」

（ケビン・メア国務省東アジア・太平洋局日本部長＝２０１０年12月3日に国務省内で開いたアメリカン大学学生向け講演での発言）

全面対決への導火線

公人が第三者に向けて何かを話す場合、必ず目的と意図がある。これまでみてきた発言の数々も、たとえ後の評判が悪かったとしても狙いを持っていた。「沖縄に自治はない」としたポール・キャラウェイ高等弁務官の発言は、親米派の沖縄の人々に米軍が統治を続ける理由を説くという明確な目的があった。西銘《にしめ》順治《じゅんじ》の「イモハダシ」論も、本人としては沖縄の経済事情を深く懸念した警句であった。

だから2011年3月6日、ケビン・メア（1954－）のこの発言が報じられたとき私は不思議に思った。正直、誤報ではないかと思った。国務省高官がこうした趣旨の発言をする意図がまったくわからなかったからだ。だが、これを報じた共同通信編集委員の石山永一郎に複数の学生が記したメア発言のメモの存在など詳細な経緯を聞き、内容の正確性を確信した。そして個人的な思い込みや偏見を一般の人たちに語る公人が米国にもいることを知った。

この発言はメアが在沖縄米総領事を終え、国務省東アジア・太平洋局日本部長に帰任して約1年後にアメリカン大学の学生を対象に行われた講義の一節だ。沖縄研修旅行を前にした勉強会で、場所は国務省内の一室。メアの発言は学生を前に気が緩み、主観を伝えたというのが真相だろう。本人は発言を否定したが国務省は報道から間もない3月10日、メアを更迭した。

総領事あるいは日本部長という役職は、国益実現のための政策立案・遂行者である一方、相手国の事情や思いを伝え政策調整する立場でもある。メアは総領事在任中から「普天間は特別ではない。飛行場として特に危ないとは思わない」（06年8月）「（日米地位協定見直し要求は）政争の具」（08年4月）などと奔放な発言を重ねており、当初からその資質は疑問視されていた。

この発言は辺野古移設推進を固めた当時の民主党政権にとってもタイミングが悪かった。2010年は5月4日に鳩山由紀夫首相が沖縄に入り、普天間の県内移設回帰を表明して県民の怒りが爆発。11月には保守の仲井真弘多知事が「県外移設」を訴えつつも「県内移設反対」を明言せずに再選を果たした。期待した民主党政権に裏切られ、微妙な姿勢の知事に賭けた沖縄の民意は極めて神経質になっていた。そこに飛び出したのがメア発言だった。

地元紙2紙は連日この問題を報じ、沖縄の民意は沸騰するかにみえた。発言の内容が蔑視と圧政を重ねてきた戦後の米軍統治とダブってみえたからだ。県民は変わらぬ米国の底意を感じ取った。だが直後の11年3月11日に東日本大震災が発生、メディアは震災報道一色となる。その間隙を突くように菅直人政権は6月の日米安全保障協議委員会（2プラス2）で辺野古の埋め立て工法をV字形滑走路とすることを決定、さらに事故率が高いとされる垂直離着陸機オスプレイの沖縄配備を決める。

メア発言はこうして大震災によってかき消されていったかのようにみえた。だが、沖縄民意の持続力は本土よりはるかに強い。後から振り返ると、メア発言は長い導火線への点火だった。蓄積した怒りはやがて2年半後の仲井真《なかいま》知事の翻意をきっかけに爆発し、翁長雄志《おながたけし》知事の誕生とともに本土政府との全面対決へとつながっていく。

沖縄米総領事

総領事は相手国政府との直接交渉はしないが、通商、経済、文化面での交流促進や自国権益の保護を行う。沖縄では米統治下の1959年に領事機関が設置され、72年の返還に際して正式に総領事館となった。当初は那覇市にあったが、87年に嘉手納基地近くの浦添市に移転。これは米外交官が日々の騒音被害をじかに感じるべきだとの沖縄側からの指摘があったためとされている。ケビン・メアの在任は2006年から09年。

5「私も沖縄のこのふたつの新聞社がめっちゃ頭にきてね、本当。目の敵にされてててね、ほんま、この2紙はつぶさなあかんのですけど」

（百田尚樹・作家＝2015年6月25日に自民党が開いた勉強会で）

地元2紙は偏向か

売れっ子作家とはいえ公権力を持っているわけではない人の発言が、これほどの物議をかもしたことはあまりないだろう。と、他人事のように書く資格はない。当時の私は通信社の編集局長。一報を聞いて追加取材と談話取りを指示するなど物議をあおる一翼を担った。当時、多くのメディアは言論弾圧に当たると騒いだが、私はむしろ、百田が列挙した沖縄に関する逸話への違和感の方が強かった。

百田は沖縄タイムス、琉球新報の沖縄２紙の論調が反基地一色で、米兵や米軍の悪い点ばかり書き募る偏向報道によって沖縄県民は洗脳されているという。２紙が米軍の地域交流や地元への貢献を全く書いていないとは思わないが、確かに論調は反基地である。だが、この２紙が沖縄県民の意識を支配しているという指摘には、沖縄の歴史への理解不足を感じた。

沖縄には戦後いくつもの新聞社ができた。その一つに沖縄時報という保守系新聞があった。１９６７年に創刊された同紙は社長に琉球政府の元法務局長が就任。沖縄経済界の一部も資金を出し盤石の態勢で船出した。屋良朝苗と西銘順治が争った沖縄初の主席公選では露骨に西銘に肩入れし、見出しも「アカハタ教育はご免だ！」など過激だった。しかし財界肝いりでスタートしたはずの時報は広告が取れず、発行部数も伸びないまま。労働争議もあってわずか２年余りで休刊に追い込まれる。

そして生き残ったのが今の沖縄２紙である。それは「非戦」をど真ん中に据えた２紙の論調が、沖縄県民に一方的に押し付けたものでなく、逆に県民の声を長く代弁してきた結果だからだろう。米統治下にあって、在沖米軍を批判しづらかった２紙が徐々に県民世論を代弁するようになったのは１９５６年の島ぐるみ闘争がきっかけといわれる。

百田が指摘したファクトを点検してみよう。百田は「普天間飛行場はもともと田んぼの中にあって、基地の周りに行けば商売になるということで人が住みだした」と言い、後日、普天間は沖縄戦以前に帝国海軍が買収しており、後にそれらを米軍が接収しただけだと補足している。しかし戦前に農業を営んでいた住民たちの土地を軍が実質的に強制収容した事実に変わりはない。周辺住民の多くはやむを得ず近隣に住居を移しただけだ。

百田は自民党の勉強会はあくまで内輪の私的な会合で、発言は記者が盗み聞きしたものだとして取材手法にも矛先を向けている。しかしこれも筋違いだ。内容が私的な話であれば分かるが、公党が開いた勉強会の内容は世間の関心事である。ただ、百田が「『言論弾圧』と騒がれるのは心外」という気持ちは理解できる。多くのメディアはこの点で発言を強く批判したが、メディアは当事者であり、発言が言論弾圧かどうかの判断はメディア外の人にゆだねるべきだろう。そもそも公権力のない個人の発言に対して言論弾圧を言うこと自体が自由な言論を封殺しかねないし、作家一人に「つぶさなあかん」と言われてつぶれる新聞はない。

百田発言の本質は、印象や観念で沖縄を語っていないかという点にある。これは百田に限ったことではない。「沖縄は基地で食っている」「地政学上、沖縄に基地があることは仕方がない」「辺野古の座り込みには中国のスパイがいる」。少し調べればわかる誤解や確たる証拠がないうわさ話で交わされる沖縄論は、不毛の積み重ねでしかない。本土メディアの主眼が言論弾圧だったのに対し、沖縄2紙は紙面で百田の事実認識の誤りを一つひとつ丁寧に報じていた。

沖縄の新聞事情

沖縄地元紙の沖縄タイムス、琉球新報の発行部数はともに約15万〜16万部とされ、２紙合わせたシェアは95％以上ともいわれる。全国紙（西部本社版）は航空便が届くのは昼過ぎになるため、地元紙の独壇場となっている。日本経済新聞は２００８年から琉球新報社に委託印刷をしているが、発行部数は５８００部程度。

6「ナンクルナイサは本土で、まったく通用しなかった」

（我喜屋優・興南高校野球部監督＝2014年6月8日付沖縄タイムスのインタビューから）

あまえるウチナンチュに喝

「ナンクルナイサ」は「どうにかなるさ」。「テーゲー」は「適当に」。物事について突き詰めて考えず、ほどほどに生きていこうという沖縄人の古き良き人生観を表すウチナーグチ（沖縄方言）だ。時間にルーズなことを指す「ウチナータイム（沖縄時間）」とともに、過酷なビジネス環境に疲れた本土人が沖縄に惹かれるキーワードにもなった。

2010年に甲子園で沖縄勢初の春夏連覇を果たした興南高校野球部監督の我喜屋優（1950－）は、愛すべきこの沖縄文化の克服こそが勝因だったと考える。そのことを思い知ったのは1968年、我喜屋が興南の主将、4番打者として夏の甲子園でベスト4となり、卒業後に勇躍本土の社会人チーム大昭和製紙に入ったときのことだった。

静岡で社会人としての第一歩を踏み出した我喜屋は、ノンプロの選手たちの必死さと練習量に圧倒される。何より、練習、仕事、食事、練習、睡眠という朝から夜までの規律正しい生活リズムは沖縄にはないものだった。生活が懸かる社会人選手の勝利へのこだわりも鮮烈だった。我喜屋は「運動量、飛距離、スピード、何もかも違う。24時間の過ごし方、1分1秒を大事にする意識も沖縄タイムとまったく違い、挫折した」と述懐する。

このままではレギュラーになれないと切羽詰まった我喜屋は、本土選手の厳しいトレーニング法を吸収していく。合宿で一緒になったハンマー投げの室伏重信からは食事による自己管理の大切さを学んだ。転勤先の大昭和製紙北海道では、敢えて寒空の屋外でスイングし、雪玉の遠投で肩を鍛えた。

しかし都市対抗野球で優勝、準優勝を重ねた後、大昭和製紙は経営難から野球部を休部。我喜屋は2007年、母校の興南野球部の監督として迎えられる。本土選手の必死さを知る我喜屋は練習方法を大胆に変えた。雨の多い沖縄では室内練習施設が整っていたが、どしゃぶりでも雨合羽と長靴を履かせてぬかるみのグラウンドに立たせた。足腰を強くするためだ。春の甲子園の寒さ対策として手を氷水に漬けて打撃練習をさせた。

そして沖縄球児たちの精神革命に取り掛かる。「沖縄のバスは待ってくれるが、本土の新幹線は1分も待ってくれない」「学生服が窮屈だという意見もあるが、統一感を図る、辛抱の訓練をするという意味がある」。本土の若者からすれば時代錯誤ともいえるこうした精神主義も、テーゲーの文化に逃げ込もうしてきた沖縄の若者にとっては新鮮に映った。何よりも、試合で重ねた勝利が我喜屋流の正しさを証明した。そして3年後。興南は全国で6校目の春夏連覇を果たす。

半世紀前、ベスト4に入って帰郷した我喜屋ら興南ナインは、優勝もしていないのに国際通りでパレードし、喝さいを浴びた。家の近所のおばさんは「戦争だったら大変な手柄」と握手を求めた。当時の思いを我喜屋は「沖縄は負けて当たり前という時代で、ある意味プレッシャーもなかった」と述懐する。

興南学園の理事長も兼務する我喜屋は、今でもふと顔をのぞかすウチナンチュのあまえに「野球でも経済でも沖縄と本土は対等。同情と劣等感の時代は終わり、言い訳は許されない」と喝を入れる。

沖縄への移住者

沖縄県は他の都道府県からの移住者が多い。2015年の総務省の人口移動報告によると、沖縄県への移住者は転勤転校を中心に2万5205人。東京都からの4312人が最も多く、以下、福岡県、神奈川県、大阪府、愛知県と続く。年齢別では大卒就職年次の22歳が約1000人と最多で、以降はなだらかに減少しているが75歳以上も400人近くいる。那覇市の他県からの移住者は全体の人口比で4・77%。転勤転校ではなく〝沖縄病〟での移住者がどれくらいかは統計がない。

7

「過去にとらわれているばかりでは、沖縄の現実はけっして変わることはないだろう」

（マキノ正幸・沖縄アクターズスクール創設者＝２０１８年９月出版の『沖縄と歌姫』から）

「沖縄らしさ」を抜く

安室奈美恵やＳＰＥＥＤなどを発掘し世に送り出した沖縄アクターズスクールの創設者もまた〝沖縄病〟患者の一人である。日本映画の父、マキノ省三を祖父に、映画監督のマキノ雅弘を父に持ち、長門裕之、津川雅彦をいとことする芸能人一家に生まれたマキノ正幸（１９４１－）は１９７１年、逃げるようにして沖縄にやってくる。東京での芸能事務所、クラブの経営で挫折を重ね、独り世に埋もれる自分への周囲の視線に耐えられなかったからだ。

青い海と米軍基地から流れ出てくるアメリカ文化に魅了されたマキノは居住を決意。しばらく那覇でクラブを経営した後、83年に沖縄アクターズスクールを開校する。「作曲家の平尾昌晃が都内につくった芸能学校が大儲けしているらしい」とのうわさを聞き付けたのがきっかけだ。東京や大阪では競争が激しいが、沖縄ならなんとかなるかもしれないとの思いもあった。

自身は経営に専念し、レッスンは雇った講師に任せた。設立当初こそ応募者が殺到したが、その後は閑古鳥。「講師がちゃんと授業をしてくれない」などの批判もあって、危機感を抱いたマキノは自ら教育メソッドを打ち立てる。それは東京のクラブで客に受けていた黒人系音楽のリズム感を習得させることだった。日本人が四拍子の中で一拍目と三拍目にアクセントを置くのに対し、二拍目、四拍目を強調するアフタービートである。ダンスも筋肉で踊るのではなく、体の軸で踊る感覚。そして開校5年目の秋にめぐり合ったのが、教えるまでもなくこのメソッドを体現していた安室奈美恵だった。

以後、同校からは数々のタレントが巣立っていく。安室をはじめＩＳＳＡ、黒木メイサ、満島ひかりなどその多くが「ハーフ」や「クォーター」である。アフタービートを基調としたマキノメソッドに適合する環境が沖縄の地にあったということかもしれない。

一方でマキノは沖縄の持つもう一つの側面には否定的だ。それは冒頭に掲げた発言のように「過去にこだわる沖縄」である。マキノの著書にはこうある。

「沖縄はこれまで、ネガティブ・キャンペーンばかりやってきた。戦後50年間これだけ苦労してきたのに報われないと、影の部分ばかりを強調していたように思う」（『才能』）

「沖縄の政治家や経済人、あるいは、基地反対の市民運動家が沖縄のイメージアップに貢献しただろうか。答えはノーだ。沖縄アクターズスクールの卒業生たちが、外に飛び出して思い切り元気を発散し、基地問題や、戦争の傷跡といった負のイメージをひっくり返したのだ」（『才能』）
「沖縄の子供たちが、沖縄を魅力的な島に変えた。戦後50年以上、大人の誰にもできなかったことを、子供たちがやってのけた」（『沖縄と歌姫』）

辛辣なマキノの沖縄批判は、深い挫折を味わった東京での過去を捨て、異郷の地で花開いた自身の半生とも関係しているのだろう。過去ばかり見ないで未来に賭けようというマキノ流の叱咤であり激励なのかもしれない。

マキノは、母子家庭に育ち過去を引きずる安室についても「あふれる才能を持ちながら、性格は暗く、どこか他人との関係に一線を引きがちな少女」（『沖縄と歌姫』）と指摘している。そして沖縄の子供たちが活躍するためには、「徹底的に一度、『沖縄らしさ』を抜かなければダメだ」として、沖縄のしがらみや余計なコンプレックスを取り除くことに力を注いだと綴っている。

この点は前項の我喜屋優と似ているようにみえるが、我喜屋が沖縄の生活習慣に課題を見出したのに対し、マキノは沖縄人の精神の奥底にあるものを問題視した。つまりマキノメソッドとは、マキノ仕様に合う原石を発掘して磨き上げる一方、そこから本土のエンタテイメント界で不要なものを除去していくという工程ともいえる。しかし、その「不要なもの」は、いつの時代にも不要とは限らない。

２０１８年９月に引退した安室は、最後まで芸能界のしきたりに馴染むことなく、自らの意思を貫いて去っていった。ある部分でマキノの教えにあらがったともいえる。だが、その媚びない生きざまがファンの共感を呼び、安室を神格化する存在にまで押し上げたことも確かだろう。そして安室以降、沖縄からは「不要なもの」を抱えたまま多彩なタレントが第一線で活躍する。皮肉なことに、マキノが不要と考えた人としての葛藤は、作られたエンタテイメントに飽き足りない若い世代が求めていたものでもあった。

沖縄アクターズスクールはその後、経営難から規模を縮小したが、今年79歳になるマキノは今も沖縄で活動を続けている。

沖縄病

沖縄の歴史や文化に思い入れが深まり、何度か通い詰め、移住さえ考える本土の人間が増えている。そうした人々の心理状態を表す言葉が「沖縄病」だ。文化人類学者の北村毅によると、その〝感染経路〟は二つ。一つは南国、楽園のイメージに触媒される「癒しの島」への憧憬。もう一つは1950年代に浮上した「悲劇の島」「基地の島」という「負」のイメージに対する個人的義務感あるいは贖罪意識。二つの経路は二項対立ではないが、その人の置かれた環境や人生観でどちらがより強く発現するかが決まるという。

8

「鎮魂歌よ届け。悲しみの過去に。命よ響け。生きゆく未来に。私は、今を生きていく。」

（相良倫子・浦添市立港川中学校3年＝2018年6月23日の沖縄全戦没者追悼式での朗読詩「生きる」から）

まっすぐ届いた言葉の力

一編の詩の朗読がこれほどの反響を呼んだことは近年なかった。沖縄戦の組織的戦闘が終結した6月23日に糸満市摩文仁《まぶに》の平和祈念公園で開かれる戦没者追悼式。沖縄県が主催する式典は1962年から始まったが、普天間飛行場の辺野古移設問題で政府と沖縄県の対立が深まってからは首相や知事が何を言うかがメディアの焦点だった。そんな大人たちの思惑を吹き飛ばしたのが一人の少女の詩だった（266頁に全文を掲載）。

セーラー服姿で登壇した相良倫子《りんこ》（2003－）は前をまっすぐ見据え「私は生きている」と切り

出す。青く美しい海、優しい三線《さんしん》の響き。五感が伝える沖縄という島の風景を描写しながら生きる喜びを表現していく。そして73年前の戦禍に思いを馳せ、当時の人々が今の自分と変わらず当たり前に日常を生きていたことを語る。後段では相良の思いがあふれ出る。「心から誓う。私が生きている限り、こんなにもたくさんの命を犠牲にした戦争を、絶対に許さないことを」。掲げた言葉は7分半にわたる詩の最後の部分である。

詩は「命」「今」「生きる」の3つがキーワード。技法的にも隠喩、倒置、反復、対照法、畳みかけ、列挙、韻などが巧みに織り込まれているが、聞く人の心を揺さぶったのはそうしたテクニックではなく、相良の感受性の豊かさだろう。

相良は幼いころから曾祖母や祖父母らが語る戦争体験を聞いて育った。曾祖母は相良が詩を朗読した当時94歳。沖縄戦が始まる前は理髪店で働いていて牛島満陸軍中将の散髪もした。牛島は心配りのできる人だったが戦争は人を鬼に変える、と曾祖母は相良に伝えている。幼い相良はそうした逸話を知識にとどめず、心の底で受け止め、自身の生き方に結び付けてきた。沖縄という地はこうした少女を育てるのだ。

相良の詩は沖縄問題とは縁遠い人たちにも響いた。音楽評論家の湯川れい子はツイッターに「この人の20年後を見守っていて上げて下さい。この人が輝ける日本でありますように」と綴り、落語家の立川談四楼は「これを本当の愛国心と言うのだと。（中略）名文は真っすぐに届くのだ」と書いた。

一方で「詩を読んでも平和にはならない」「『青くて美しい島』をこれからも守り続けるために、

自衛隊と日米安保があるのだ」などと揶揄《やゆ》するツイッターもあった。抑止力こそが世界の平和を支えているのであり、冷徹な国際政治はそんな甘っちょろいものじゃないよという〝大人〟の指摘である。だが相良の詩はそのことを踏まえたうえで「きっとわかるはずなんだ。（中略）戦力という愚かな力を持つことで、得られる平和など、本当は無いことを」と反問する。

過去の戦争はほとんど例外なく「自衛のため」に始まり、使われた戦力は抑止力を高める理由で蓄積されたものだった。相良の反問は、抑止力という危うい均衡が果たして「平和」と呼べるのかという論理的かつ根源的な問いである。この問いに、〝大人〟たちはどれだけ説得力のある答えを示せるのだろうか。

式典後に記者団の取材に応じた安倍晋三首相は、相良の詩に触れることなく、普天間飛行場の辺野古移設を「関係法令にのっとって進めていく」と語って会場を後にした。

沖縄慰霊の日

第32軍司令官の牛島満中将が自決し、沖縄での組織的な戦闘が終了した１９４５年６月23日にちなみ、戦没者を追悼する沖縄県の記念日。牛島の自決は６月22日説があり、64年までは式典をこの日に開催していた。ＮＨＫはこれまで式典を中継してこなかったが、ここ数年は総合テレビの正午のニュース枠で一部を生中継するようになった。

第6章
普天間の虚実

1

「最低でも県外の方向で、われわれも積極的に行動を起こさなければならない」

（鳩山由紀夫・民主党代表＝2009年7月19日、沖縄市民会館での演説から）

安保官僚たちの背信

辺野古移設問題を詳しくない人でも知っている言葉がこれだ。民主党政権の〝公約〟となった「最低でも県外」の言説は、2010年5月4日、鳩山由紀夫（1947－）の沖縄県名護市で開いた記者会見で覆される。

「海兵隊の存在というもの、そのものを取り上げれば、必ずしも、抑止力として沖縄に、存在しなければならない理由にはならないと思っていました。ただ、このことを学べば学ぶにつけて、やはりパッケージとして、すなわち海兵隊のみならず、沖縄に存在している米軍の存在全体の中での海兵隊の役割というものを考えたときに、それがすべて連携をしていると。その中での、抑止力というものが維持できるんだという思いに至ったところでございます。それを浅かったと言われれば、あるいはその通りかも知れません」

公約をぶち上げた時に比べて、なんとも冗漫でわかりにくい弁解である。その背景については後述する。

民主党政権迷走の代名詞として語られるこの二つの言葉の間には10カ月の空白がある。そこには、鳩山由紀夫という政治家の資質云々《うんぬん》を超えた霞が関官僚の深い闇があった。

掲げた発言は民主党政権が誕生する直前、衆院解散2日前の沖縄での演説の一部である。後に鳩山自身が述懐しているように、これは県外移設への成算があって述べたものではなく、政権交代を前にした鳩山自身の高揚感が言わせた言葉だ。見通しも立っていないところで重大な政策転換を言ってしまうことだけでも、国のトップに立つ人物として資質が問われることは間違いない。

ただ、その後の鳩山政権に対し官僚たちがどう振る舞ったかはまた別の問題である。以下は２０１１年５月に内部告発サイトのウィキリークスが明らかにした米政府の公電による。

09年10月12日の日米外務・防衛担当者協議。高見澤將林《のぶしげ》防衛省防衛政策局長は、民主党政権が普天間飛行場の県外施設具体案をつくる過程で米政府があまり早く柔軟な姿勢を示すことはやめたほうがいいと米側出席者に助言した。公電によると、この助言は長島昭久防衛副大臣など他の日本側メンバーが昼食で席を外した際になされており、一官僚が個人の判断で政権の意思とは真逆の方向へ政策を誘導していたことになる。

また、この約2カ月前には、外務省の齋木昭隆アジア大洋州局長は同席したカート・キャンベル米国務次官補に対し「与党経験のない民主党は官僚をコントロール下に置き、新しい大胆な外交政策を打ち出すイメージの必要性を感じている」「そのような考え方は馬鹿げたもので、学ぶことになるだろう」と話している。

官僚の裏切りはまだある。これは私自身が首相退任後に鳩山から取材した話だ。10年4月6日、鳩山は外務、防衛、内閣官房から幹部2人ずつを官邸に呼び、徳之島への移設計画を秘密裡に伝えた。その後、鳩山は結束を確認するためにメンバーと酒を酌み交わし「この案が最終方針だから力を合わせてやってほしい。これが漏れるとつぶされるので情報管理は徹底してほしい」と告げた。だが、その翌日の朝日新聞夕刊にはこの会合の内容がつぶさに報じられていた。

鳩山は私の取材に対し「学べば学ぶほど」の釈明会見について「官僚の協力が得られず、ああいうしかなかった。方便といえば方便だった」と語った。沖縄に駐留する米軍の抑止力を理解し納得したうえでの判断ではなかったというのである。官僚の謀反を明らかにする気はなかったのかと問うたが、鳩山は言を濁した。確かにそれは自身の統率力のなさを示すことになるし、継続する民主党政権にとっても打撃になる。「学べば学ぶほど」は、苦渋の中から絞り出した妥協の産物だったのだろう。

鳩山は首相として政策遂行の戦略性や発言の重みについての認識を決定的に欠いていた。岡田克也外相はじめ政権幹部との結束も弱かった。だが一連の経緯を俯瞰して浮かんでくるのは、官僚とはいったい何なのかという根源的な問いである。

鳩山の構想が国益を損なうと考えるのであれば論理立てて説くのが吏道《りどう》だろうが、彼らがそうした形跡はない。戦後、日米同盟と安保で長く飯を食ってきた霞が関の住人たちにとって、「少なくとも県外」は国益の棄損ではなく、自分たちが築き上げた聖域へのあってはならない侵犯だったのではなかったか。首相の軽さだけでは総括できない安保の闇がここにある。

安保族

安全保障問題を専門とする政治家、官僚、研究者らの俗称。安全保障分野は情報の機密性が高く、新規参入が困難なことから政策立案や海外との交渉などで特定の人間が重用されることが多い。このため「安保族は食いっぱぐれがない」と揶揄されることもある。一方で、軍縮や安保体制の大幅な見直しは、彼らが築いてきた対米人脈や知見を損なうため、変化を嫌い保守的になりがちともいわれる。

2 「日本のどこにでも米軍基地を設定できるようになる手続き法の制定が必要だ」

（橋下徹・元大阪府知事＝2019年1月発行の『沖縄問題、解決策はこれだ！　これで沖縄は再生する。』から）

政治は結果か

沖縄の抱える問題に人間としてどう向き合っているか。大田實《みのる》が「後世特別ノ御高配ヲ賜ランコトヲ」と唱え、大江健三郎や若泉敬《けい》らが引き継いできた深い葛藤は、戦争を知る世代の退場とともに時代の後景に退きつつある。政治の場では特にそうだ。右も左も他人事のような評論は盛んだが、人間として沖縄問題に向き合う政治家はほとんどいなくなった。

大阪府知事、大阪市長を計8年務めた橋下徹《はしもと》（1969－）は大阪都構想の是非を争う2015年の住民投票で敗れ政治家引退を宣言した。その6年前の09年11月、橋下は大阪府知事の時代に鳩山由紀夫首相に「政府から提案があれば、沖縄県の米軍の訓練の一部を関西国際空港で引き受けることも考える」と提言している。当時、鳩山は普天間飛行場の県外移設に向けて水面下での候補地を探している最中だったが、なぜかこの提言には反応せず立ち消えになった。橋下一流のパフォーマンスとの評もあったが、全国の自治体が地元への基地移設にしり込みする中で首長としてリスクを負ったこの発言は、橋下という政治家が頭の切れる合理主義者というだけでは語り切れない側面をみせたことも確かだった。

それから10年後、政治家を辞めた橋下は『沖縄問題、解決策はこれだ！　これで沖縄は再生する。』を出版し、あらためて沖縄を語っている。この本の中で橋下は、自分は辺野古移設に賛成だが、相次ぐ選挙で反対の意思が示されている以上、工事を強行すべきではないと指摘。その一方で、沖縄の基地問題の根っこは本土との不公平感だとして、冒頭に掲げたような提案を示した。

手続き法なるものの詳細は語っていないが、狙いは「沖縄県民の立場と本土住民の立場をフィフティー・フィフティーにするため」と綴っており、本土の国会議員が基地問題を我がこととして真剣に考える契機が必要だとの認識を示している。

沖縄県民の抵抗が本土からの差別意識に根差していることを捉えた鋭い指摘である。

一方で橋下は、沖縄にとって重要なのは経済の活性化だとして統合型リゾート（ＩＲ）の誘致や沖縄縦断鉄道の建設などの政策を列挙。これらを実現するために「辺野古移設」ではなく「沖縄独立」や「中国への港の貸与」といった政府が困るような争点で住民投票を実施するなど、政治的なケンカを仕掛けるべきだと説いている。

本土政治家が困る急所を突き、世間の耳目を集めて膠着状態の打開を図ろうというところは橋下流政治の面目躍如の内容だが、果たして沖縄県民はこれをどう読むのだろうか。

沖縄の近現代史は、これまで見てきた通り「裏切りの歴史」と言ってもいい。普天間移設問題だけに限っても、稲嶺《いなみね》恵一知事が受け入れ表明した際に条件とした15年の使用期限や軍民両用なども覆され、撤去可能とされた当初案は大型の新基地にすり替えられた。選挙でいくら民意を示しても無視される。こうした経緯をつぶさに見てきた県民の満たされない思いは、政府の嫌がるところを突いて得るものを最大化するといった政治ゲームでは解消されないようにみえる。

橋下は、政治は結果であり、その手段を実行するのが政治家だと言う。一般的にはそうかもしれない。だが政治は利益（成果物）を至上とする企業活動ではなく、政治家はCEO（最高経営責任者）ではない。亡くなった翁《お》長雄志《ながたけし》前知事は沖縄県民の気持ちを「魂の飢餓感」と表現した。それは、たとえ結果がみえなくとも、歩んできた歴史と誇りを県民と共にすることも重要な政治の役割だと言っているように聞こえる。

関空移設案の背景

橋下徹大阪府知事が関西国際空港に沖縄米軍基地の一部移設を申し出た背景には、関空の経営難があった。伊丹空港と競合する国内線の利用者が伸び悩んだためだ。2004年度の利用者は1995年度と比べ半分まで落ち込んだ。橋下提案はこの窮状を打開する目的もあったが、関空はその後伊丹空港と統合し経営がV字回復して「日本一稼げる空港」となった。

3 「これはいい正月になるなぁというのが私の実感です」

（仲井真弘多・沖縄県知事＝２０１３年12月25日、安倍晋三首相との会談後の記者のぶら下がりで）

民意に火つけた独善会見

民意はあることをきっかけに突然目を覚ます。きっかけの多くは政治家の発言である。沖縄県知事・仲井真弘多《なかいまひろかず》（１９３９－）のこの言葉は、その代表例だろう。

知事２期目も終盤に差し掛かった仲井真は、２０１３年のクリスマスの日に安倍晋三首相と首相官邸で会談する。そして沖縄防衛局が３月に出した辺野古新基地建設のための公有水面埋め立て申請について承認する意向を伝える。見返りは４つあった。普天間飛行場の５年以内の運用停止。向こう８年間に毎年３０００億円台の沖縄振興予算確保。沖縄駐留のオスプレイ半数程度の県外分散。そして日米地位協定を補足する新たな協定の締結である。

会談を終えて記者団に取り囲まれた仲井真が発したのがこの言葉だ。この前後には「有史以来の予算だ」「いろいろ驚くべき立派な内容をご提示いただいた」と自ら折衝の成果を誇っている。くだけたせりふの割に表情は硬く、笑顔はない。普天間の県外移設を公約に掲げてきた仲井真自身、この決断が大きな賭けであることをよくわかっていた。

翌々日の27日、仲井真は沖縄県庁で記者会見し、正式に埋め立て申請の承認を発表する。そしてこの判断は公約違反ではないと言い切った。仲井真の説明はこうだ。辺野古移設は土木技術的にも難しく、政府も9年半はかかると言っている。一方で政府は普天間の運用停止を5年以内と約束した。そうするとその間、普天間の米海兵隊の活動場所をどこか県外で探さざるを得ない——。

この苦しい説明に記者からは厳しい質問が相次ぐ。なぜその理屈で辺野古の埋め立て承認が必要なのかという問いには「申請が法律要件を満たしたからに過ぎない」。承認をしてしまうと辺野古移設が決定的になるはずとの問いには「だから技術的に難しいと。政府がこれをどう乗り越えるのか、私も注目したい」。そして公約違反だとの指摘に対しては「公約を変えたつもりはない。説明する理由がない」と気色ばんだ。

政策の大転換であるこの記者会見で記者との質疑時間はわずか30分あまり。「あなたと議論するつもりはない」と質問をかわす口ぶりから独善をみた県民も少なくなかった。

仲井真は2006年に自民、公明の推薦を受けて知事に出馬し初当選。2期目も政府と一線を画して普天間の県外移設を公約に掲げて当選したが、事態は膠着状態に陥っていた。

この話の舞台裏を知る関係者によると、首相周辺は辺野古問題を保守系の知事時代に何とか打開したいと考え、水面下で何度か仲井真側と接触した。3選を見据え成果を上げたい仲井真側も焦っていた。何よりも恐れたのは、政府と対立しつぶされた大田県政と同じ道を歩むことだった。政権と対峙することがいかに危険かは25年間の通産官僚経験で骨身に染みるほど知っていた。辺野古は譲歩して、そのほかの基地削減や振興策の上積みを図ったほうが県の将来にとっても、自身の3選戦略においても得策ではないか――。関係者は仲井真の胸中をこう推察する。

仲井真にとっての誤算は、この十余年で県民の民意が大きく変化していることを見落としていた点だ。大田知事時代後期の経済低迷は確かに支持層の離反を招き、次の稲嶺恵一知事時代は普天間の危険除去という原点に立ち戻って条件付きの移設受け入れを模索したこともあった。だがこの間、前項で挙げたような政府のさまざまなごまかしを見てきた県民の民意は、なぜ沖縄ばかりが過大な基地を担わなければならないのかという、より強固で本質的なものに変わっていった。その民意を代弁するべき知事が、あろうことか政府に擦り寄った。発火寸前の民意に火を付けたのがこの会見だった。

ハーメルンの笛吹き男

仲井真弘多は知事退任後、自民党県連の集会などの挨拶で、翁長雄志知事を「ハーメルンの笛吹き男を彷彿させる。県民をどこに連れて行こうとしているのか」と批判している。このドイツの伝承は、街で大繁殖したネズミを笛で誘導して退治した男が、報酬をもらえなかったことから今度は笛で町の子供たちを誘導し、どこかへ消えて二度と戻ることはなかったという話。約束を破ると罰が当たるという例えに使われるが、仲井真は翁長があやしげな言説で県民を間違った場所に誘導していると指摘したかったようだ。県民のためと考え抜いた施策を否定された悔しさがにじむ。

4
「こういった話がされること自体が日本の国の政治の堕落ではないか」

（翁長雄志・沖縄県知事＝２０１５年４月５日、那覇市での菅義偉官房長官との初会談で）

命削り伝えた「魂の飢餓」

面会すら拒んでいた菅義偉《すがよしひで》官房長官が翁長雄志（１９５０－２０１８）と初会談に応じたのは翁長が沖縄県知事に就任して４カ月たった後だった。安倍政権にとっては４月末に控えた訪米や安保法制の審議をめぐる支持率急落という事情があった。菅は辺野古移設を「粛々と進める」と繰り返し、翁長は「問答無用という姿勢が感じられて、キャラウェイ高等弁務官（63頁参照）の姿が重なるような感じがする」と、その姿勢を難じた。ここで掲げた言葉は、その会談での翁長の一節である。

「こういった話」とは何か。翁長は怒気を含んだ声で次のように説明している。

「（米軍が）自ら奪っておいて、県民に大変な苦しみを今日まで与えて、今や世界一危険になったから、普天間は危険だから大変だというような話になって、その危険性除去のために『沖縄が負担しろ』と、『お前たち、代替案を持っているのか』と、『日本の安全保障はどう考えているんだ』と」

つまり、強奪された土地の代替地をなぜ被害者が提供しなければならないのか、ということだ。翁長が安倍政権、いや本土の人たちに最も訴えたいことは「今日まで沖縄県が自ら基地を提供したことはない」という一点だった。米軍が銃剣とブルドーザーで私有地を強制接収していった70年前にこそ基地問題の起点がある。沖縄県民はその長い記憶の中で普天間問題を捉えている、ということだ。

これに対し菅は、普天間返還の日米合意は1996年に沖縄も同意したではないか、政府はその後負担軽減の努力をしているではないかと96年以降19年間の史実を並べてみせた。「嘉手納以南の米軍基地は7割の返還が決まった」「振興策で失業率は18年ぶりに5％台になった」などとデータを挙げ「政権は約束したことは必ずやる」と訴えた。

記憶と記録。70年と19年。翁長と菅の議論は拠って立つところがまるで違った。この認識の差こそが普天間問題の核心であり、翁長のいらだちの根っこであった。

沖縄の人にとって戦後はずっと地続きの記憶である。翁長は翌日の菅との会談で「沖縄は戦後70年間、米軍基地を預かって日米安保体制を支え、講和条約では日本から切り離されて米施政下に置かれました。沖縄からすれば、それでも懸命に日本を支え、尽くしてきたという自負もあれば無念さもあります」と語り、「県民の気持ちには魂の飢餓感があり、それに理解がなければ個別の問題の解決は難しい」と訴えている。

翁長はその後、埋め立て承認の取り消しなど知事の法的権限を駆使して辺野古移設への抵抗を続ける一方、東京や米国、国連人権理事会などで内外の世論の喚起を呼び掛けた。特に強調したのは、沖縄に新基地をつくらせないことを党派を超えた県民の総意としたことだった。「イデオロギーでなくアイデンティティー」「沖縄の自己決定権」「オール沖縄」など、本質を巧みにとらえた翁長のフレーズは、本土メディアでも盛んに取り上げられた。

知事就任以降の国政、首長、市町村議会選挙では移設反対派が連勝し、沖縄の民意は明らかに翁長を支持していた。だが安倍政権の対応は変わらなかった。ぶつかり合う政権と沖縄県は結局、互いに訴訟を起こし司法に判断をゆだねることになるが、これは県にとって明らかに不利であった。政権の存亡にかかわるテーマで、司法が国の判断を最後まで否定したケースはほとんどない。裁判所は独立機関というものの、その人事は最高裁が決め、最高裁判事の人事権は内閣にある。「裁判官は政権の〝身内〟」と言われる所以だ。結果、福岡高裁那覇支部は後でみるように驚きの判決を出して県は敗訴。辺野古では埋め立て前の工事が進んだ。

残されたのは民意の支持とわずかな知事権限の行使だけとなった2018年4月、翁長は膵《すい》がんであることを公表。その後、やせ衰えた体を県民にさらしながら移設阻止を訴え続けた。命を削る公務のかたわらで、しきり語っていたのは「県民があきらめなければ大丈夫だ」という言葉だったという。

公表から4カ月後の8月8日に翁長は死去。沖縄県民にとって現役知事の死というだけでは済まされない衝撃だった。県庁前には死を悼む人々が自然発生的に列をなし、歌手の安室奈美恵が自身の公式サイトに追悼文を寄せた。それは翁長が単に辺野古移設反対を貫いたからではないだろう。保守や革新の垣根を超え、老若男女の境を超えて、沖縄の人たちが一体となることの意味を戦後初めて示した知事だった。

知事への手紙

まえがきでも触れたが、私は2015年4月に翁長雄志知事にインタビューを申し込む手紙を書いた。「沖縄県民の思いを丁寧に伝えたい。知事はそれを伝える言葉を持っている」云々。便箋8枚に気恥ずかしい言葉を重ねたが、就任後単独でのインタビューに応じたことのない知事を本土メディアに引っ張り出す、そんなヤマッ気もあった。応諾の電話があったとき、情が通じたと思い事務方に「なぜ受けてくれたのですか」と聞いた。「来月の訪米に向けて海外発信力のあるメディアを利用させてもらうおうと。それに通信社は新聞と違って偏っていない印象があるともおっしゃっていました」。老練な政治家のしたたかな計算がはたらいていた。

5　「仲井真さん、弾はまだ一発残っとるがよ」

（菅原文太・俳優＝2014年11月1日、沖縄セルラースタジアム那覇で開かれた沖縄県知事選の翁長雄志候補集会での応援演説から）

スターでなく人として

壇上に現れた菅原文太（１９３３－２０１４）は背広に着せられているように痩せていた。がんが肝臓にも転移し、すでに死期が迫っていた。「カートに乗って楽をさしてもらったけど、八十過ぎたんで、さっきの２人みたいに走れないよ」と自虐ネタで会場を沸かす。そして「きょうは自分から立候補して、ピッチャー交代、知事交代ということで、押しかけてきました」と、頼まれ応援ではなく自分の意思での登壇であることを強調した。

２０１４年の沖縄県知事選は、辺野古沿岸部の埋め立てやオスプレイ配備を容認して３選を目指す仲井真弘多と、これに反対する那覇市長の翁長雄志による保守同士の争いとなった。安倍政権が後押しする仲井真に対し、翁長陣営は民意が頼り。そこに本土から乗り込んできたのが菅原だった。

それまで菅原と翁長に面識はない。つまり決して翁長の人柄や政治志向を深く理解した上での応援ではない。菅原が病身をおして沖縄入りしたのは、沖縄への予算投入と引き換えに辺野古移設を事実上容認した仲井真への怒りだった。

メモを取り出した菅原は「政治の役割は二つあります。一つは国民を飢えさせないこと。(中略)もう一つは、これは最も大事です、絶対に戦争をしないこと」と言い「本土の政府と仲井真知事はまさに戦争が起きること、戦争をすることを前提に沖縄を考えていた」と指摘。さらに声のトーンを上げて「前知事はいま最も危険な政権と手を結んだ。沖縄の人々を裏切り、公約を反故《ほご》にして辺野古を売り渡した」と続けた。

冒頭の言葉は、その直後のものだ。菅原の代表作『仁義なき戦い』のラストシーン。子分をひそかに殺した親分が何食わぬ顔で仕切る葬式。そこに現れた菅原演じる広能《ひろの》昌三《しょうぞう》が祭壇に向かって拳銃を乱射した後、親分に向けて静かに語るせりふのアドリブである。

1万人を超える聴衆は大いに沸いたが、この言葉は単に受けを狙ったものではない。菅原にとって、残っている一発の弾とは自らの命だったのだろう。あとわずかの命の自分が、その命を削り沖縄入りすることによって裏切者を落とす。事実、菅原はこの日から1カ月もたたない11月28日、鬼籍に入っている。11分の演説は人間・菅原文太の遺言でもあった。

菅原は生い立ちを語りたがらなかったが、画家の父は仙台市にある河北新報社の記者でもあった。疎開先の宮城県の山間で敗戦を知った菅原少年は、ふつうに生きていた市井の人たちに理不尽を強いた戦争という国家間の争いを激しく憎んだという。仙台第一高等学校では新聞部に入り、坂口安吾に傾倒するなど若いころから反体制の側に身を置いた。俳優として売れない時代を経て、ようやくつかんだスターの座もあっさりと捨てた。2009年からは山梨県で耕作放棄地を借り、妻の文子と有機農業を始めるかたわら、講演などで反戦、反原発を訴えた。12年と13年には辺野古のテント村を訪れ、座り込みをする人たちを激励している。

政治的な発言がタブーとされるこの国の芸能界にあって、肩書や成し遂げてきたことより、人としてどう生きるかを追求した稀有な人であった。

芸能人の政治的発言

芸能人の政治的な発言は日本ではタブーとされる。最大の理由は、反対勢力による不買運動を恐れる広告スポンサーが嫌がるからだ。ただ近年はそのタブーが少しずつ崩されつつある。2014年には宝田明がNHKのトーク番組で「国家の運命というのは、たかが一握りの人間の手にもてあそばれている」と暗に安倍政権を批判。香川京子も安保法制可決後のインタビューで「この1年ぐらいで急に戦争が近付いてきた感じがする」と語った。前項で記したように翁長雄志知事が亡くなった際、安室奈美恵が「翁長知事のご遺志がこの先も受け継がれ、これからも多くの人に愛される沖縄であることを願っております」と追悼文を寄せたことも話題になった。20年5月には検察への政府の介入が懸念される検察庁法改正に対し、小泉今日子や浅野忠信など多くの俳優や歌手らが抗議の思いをツイートした。

6 「辺野古移設は、（中略）コストと便益を考えると見合わない」

（マイケル・アマコスト元米駐日大使＝2015年6月23日付朝日新聞のインタビューから）

同情でも駆け引きでもなく

外交官出身として久しぶりの米駐日大使となったマイケル・アマコスト（1937－）は89年4月から93年7月までの在任中、日本側から「ミスターガイアツ」と称された。時は日米貿易摩擦や湾岸戦争のさなか。ワシントンの意を受けて日本政府に自動車輸出規制や米農産物の市場開放を迫り、中東では「目に見える貢献」を訴えた。霞が関官僚や政治家にとってはまさに煙たい存在の大使だった。

離日後はスタンフォード大学、ブルッキングス研究所などで研究職にあったが、再び霞が関の耳目を集めたのがこの発言だ。朝日新聞ニューヨーク支局長の真鍋弘樹によるインタビューは同紙朝刊オピニオン面の大半を使って掲載された。アマコストは冒頭、中国の台頭と北朝鮮の核開発によって安倍政権が辺野古移設の政治的優先順位を上げたと指摘したうえで「移設計画には実行する価値があるのか、私の疑問は依然として残っています」と述べている。その理由は主に二つ。一つは移設を強行した場合の日米同盟への悪影響。そして抑止力として海兵隊が沖縄に駐留する必要性への疑問だ。

アマコストはかつて国際基督教大学の客員教授やインガソル駐日大使の特別補佐官を務めるなど日本の社会や文化にも精通した知日派である。その視点から「高い政治的コストに比べて海兵隊基地の戦略的な価値はどれほどあるのでしょうか」「普天間という二流の基地の問題が日米の大きな懸案となっていることに当惑を禁じ得ない」と普天間の基地機能の有効性自体を疑問視した。さらに「基地周辺の住民の善意に頼っている現状は不幸なことであり、もし移設を強行すれば、嘉手納のような重要な基地すら住民の反発というリスクにさらす恐れがあります」と、日米同盟そのものが危機に瀕するとの懸念を示している。

軍事的観点には同紙面で深く言及していないが、翌年4月12日付沖縄タイムスのインタビューでは主力ヘリがオスプレイに代わって戦闘行動半径が4倍以上になった点などを挙げ、海兵隊の駐留基地が沖縄でなくてもよいはずだと指摘。70年代に国家安全保障会議東アジア担当上級スタッフとして培った知見を披露している。

政権から離れていたとはいえ、大物の〝反旗〟に日本政府の関係者は当惑した。しかし元駐日大使の真意は沖縄への同情でも、移設に向けた駆け引きでもなく、あくまで米国の国益にあった。辺野古問題で肝心の日米同盟が揺さぶられ、他の米軍基地の存在や安保条約にまで波及しては元も子もない、という冷徹な大局観である。米政権の表向きの公式見解はさておき、米国内でそうした現実論が台頭しつつあった。

リチャード・アーミテージ元国務副長官は「日本政府が別のアイデアを持ってくるのであれば、間違いなく米国は耳を傾ける」（15年8月、琉球新報インタビュー）と述べ、ジョセフ・ナイ元国防次官補も「沖縄の人々の支持が得られないなら、われわれ、米政府はおそらく再検討しなければならないだろう」（15年4月、同）と話している。

現役の米政府幹部からは出てこないではないかとの指摘もありそうだが、外交儀礼上、日本政府が容認しないのに米側から一方的な見直し発言が出てくるはずはない。ただ、トランプ政権は安倍政権と同様に心の底から「辺野古が唯一の選択肢」と考えているのだろうか。四半世紀にわたる膠着と不透明な先行きは、米政府の安保政策上、無視しえない懸念材料になっているはずだ。

抑止力

敵の軍事力行使をこちらの軍事力の存在によって抑え込むこと。近隣に巨大な軍事力があることは、中国、北朝鮮に攻撃をためらわせるとの観点から沖縄に米軍基地があることは必然との指摘がなされている。ただ潜水艦発射弾道ミサイル（ＳＬＢＭ）など兵器の近代化に伴い、軍事力の地理的条件はかつてほど意味を持たなくなったとの指摘もある。また沖縄の米海兵隊を輸送する揚陸艦が約８００キロ離れた長崎県佐世保基地に常駐している点や、海兵隊自身が1年の半分を海外で訓練している点などから沖縄米軍の抑止力そのものを疑問視する声もある。

7

「（辺野古移設は）延ばせば延ばすほど完成は遅れるわけでありまして、そう言って十九年間実はたってしまったわけであります。（中略）ではそのままじっとほっておくというのは政治の責任の私は放棄ではないかと」

（安倍晋三首相＝２０１５年11月11日、参院予算委員会の閉会中審査での発言）

異論許さぬ異形の保守

自民党は戦後75年の日本政治の大方を担ってきた。曲折はあったものの、この国の人たちは保守政治の安定性に信頼を寄せていたことは確かだろう。その中で安倍晋三（1954－）は桂太郎を抜き在任期間が歴代最長の首相となった。だが安倍という政治家は果たして保守なのだろうか。

ここに掲げたのは、就任以来最大の懸案だった安保関連法が成立してまだ2カ月もたたない時期の安倍の国会答弁だ。沖縄では1年前に翁長雄志知事が誕生し、この年の後半からは辺野古沿岸部埋め立て承認をめぐる国と県との訴訟合戦が始まっていた。この国会答弁直前の10月には辺野古3地区の代表者を首相官邸に招き、県や市の頭越しに約3900万円の振興費を提示するという異例の〝分断工作〟を行っている。

安保法制という大きなハードルを乗り越え、次は普天間返還という矢継ぎ早の仕事ぶりは、「政治は結果」と言ってはばからない安倍政治の真骨頂だ。安倍政権の安定した支持率は、この「やってる感」が閉塞感を抱く有権者に受けるからだと言われている。

発言の中で安倍は歴代の内閣を暗に批判しているが、これは図らずも安倍自身が過去の自民党保守とは異なる政治家であることを〝告白〟したことになる。

安倍以前の政権は、辺野古移設の問題を「『ほって』おいた」わけではない。ただ沖縄の苦難を知る戦後の保守政権にはほぼ例外なく沖縄への配慮があった。普天間返還が持ち上がって以降の橋本龍太郎から民主党の野田佳彦に至るまでの歴代首相も、濃淡はあるにせよ沖縄の声に耳を傾け、強引な実力行使は控えた。だからこそ、普天間問題は動かなかった。それは民意への畏敬の念であり、政府方針と意見を異にする人たちでも置き去りにはしないという戦後保守政治が培った伝統でもあった。

18世紀の英政治思想家エドマンド・バークは、人間は不完全であるのだから、理性にすがらず伝統や慣習を重視して物事を漸進的に変えていくべきだとした。一気に変えてはいけない、葛藤や苦悩を抱えながら少しずつ進むのが保守政治だとの主張である。歴代の政権は多かれ少なかれバークの説く保守の道を歩んだが、「結果」を重視する安倍政治はそうではなかった。

２０１４年８月の海底ボーリング調査を皮切りに海上工事、護岸工事、さらには土砂投入と既成事実を積み上げていく。県が埋め立て承認を取り消すと、訴訟に打って出た。そこには沖縄の歴史や県民の苦悩を思う保守政治家としての葛藤はうかがえない。つまるところ安倍は保守思想の父とされるバークが定義するような保守ではないだろう。仮に保守であったとしても、それは相当に異形の保守である。

自身の著書『新しい国へ』（文春新書、２０１３年）にはこうある。「『闘う政治家』とは、ここ一番、国家のため、国民のためとあれば、批判を恐れず行動する政治家のことである」。政権の道のりをたどると、この文章にある「国家」とは安倍が目指す国家像を指し、「国民」とは安倍政治を支持する人たちのように読める。意見を異にする人たち、安倍政治に置き去りにされた国民は「国民」でないとすれば、今日の国と沖縄県との対立もむべなるかなである。

保守と革新のねじれ

現状や伝統を優先する立場が保守、現行の政治体制の変革を要求するのが革新とされてきたが、最近の政治状況はこの概念では説明しきれなくなっている。例えば戦後70年以上も定着してきた憲法を改正しようという勢力は自民など保守に多く、護憲派は共産、社民など革新勢力が中心。経済政策も自民が個人の競争や生産性向上を促す方向に重点を置き、野党系は平等志向が強い。立憲民主党の枝野幸男代表が「自分はリベラルな保守」と自称するように、野党系でも「革新」を名乗る政党は少なくなっている。

8 「民主主義というのは選挙こそ原点じゃないですか」

（菅義偉官房長官＝2018年2月8日の定例記者会見で）

頑なさの裏にあるもの

新元号の発表役で女子高生から「令和おじさん」と親しまれた官房長官・菅義偉（1948－）も、沖縄での評判は芳しくない。辺野古移設にまい進する安倍政権の「顔」なのだから当然といえば当然だが、「反対」の民意を託された翁長雄志知事との初会談で「（移設を）粛々と進める」と突き放したことがイメージを決定づけたようだ。

その辺野古移設の是非が最大の争点とされた2018年2月4日の名護市長選は自民、公明などが推す渡具知《とぐち》武豊《たけとよ》が現職で辺野古移設反対を掲げた稲嶺《いなみね》進《すすむ》を破り初当選した。ただ事前の各紙の世論調査では稲嶺がやや有利だった。同時に尋ねた移設の是非についての設問では「辺野古への移設反対」が63％で「賛成」の20％を大きく上回っていた（朝日新聞など）。

投開票から4日後の定例会見で、世論調査とは逆の結果となったことについて見解を問われた際の菅の答えがこれだ。菅は「選挙の中で、それぞれの政党が、あるいは候補者が訴えてきているわけですから、そうした民意を踏まえて政策を実行に移していく。これが（本来の）姿じゃないですか」とも述べている。

会見での菅の答えは至極まっとうに聞こえる。だが沖縄県民の受け止めは複雑だった。実は勝った渡具知は、選挙戦で経済振興を前面に掲げ、辺野古移設については「国と県の裁判を見守る」と争点化を回避していた。つまり選挙は推進派の作戦勝ちという側面もあった。逆に言えば、渡具知の勝利は移設推進に地元の理解が得られたことを意味するものでもなかった。ましてや、それ以前の国政、知事選などでは移設反対を主張する候補者がほぼ勝利を収めている。菅の発言は単に世論調査よりも選挙が重要である点を指摘したものだったが、県民からみると勝った選挙ばかり重視するご都合主義と映った。

菅にも沖縄への複雑な思いがある。菅の政治の師は沖縄への思い入れが強かったとされる元官房長官・梶山静六である。菅自身も沖縄基地負担軽減担当相を兼務するなど汗をかいてきた自負があった。13年末に都内の病院に入院した仲井真弘多知事をひそかに訪ね、沖縄振興予算の増額などとの見返りに辺野古沿岸部埋め立て承認の確約を取り付けている。それ以前にも、本島北部へのユニバーサルジャパン（USJ）、宜野湾市へのディズニーリゾート誘致構想や那覇市以南の米軍基地返還などに奔走しており、苦心惨憺《さんたん》の結果ようやくたどり着いた地元知事との合意だった。

ところがその1年後に知事が移設反対を掲げる翁長に替わり、仲井真との約束は反古となる。しかも翁長は前回知事選で仲井真の選対本部長だった人間だ。「すでに合意したではないか。何をいまさら」と思うのも人情としてわからないではない。辺野古移設についての菅の頑なさは、自分なりに沖縄のことを思ってかいてきた汗が県民に理解されない悔しさの裏返しでもあるのだろう。

一方、移設に反対する沖縄県民にも菅と似たような思いがある。前述したように、当初は撤去可能な沖合へリポートだったはずが、沖縄県との相談もなく沿岸部埋め立ての恒久施設に変わった。1999年に稲嶺惠一知事が辺野古移設容認の際に政府と約束した「15年の使用期限」や「軍民共用」はその後立ち消えになった。佐賀県に移設されるはずだった普天間飛行場のオスプレイも地元の反対に遭い頓挫した。普天間返還問題は国と県双方にとって疑心暗鬼の繰り返しでもあったのだ。

安倍政権は2017年以降、事実上県との対話を断念して沿岸部での本格工事に着手した。菅には、辺野古移設をきっかけに沖縄全体の基地負担軽減が進めば、長い目で見ると県民の利益にかなうとの思いがあるのだろう。しかし、そこに独善はないか。外からの統治の歴史が長かった沖縄の人たちは、結果以上にプロセスへの関与に強いこだわりを持つ。権力者の高慢な物言いや既成事実の押し付けは、県民の心に「新たな琉球処分」として刻まれる可能性もある。

自民党の〝沖縄族〟

自民党には山中貞則、小渕恵三、橋本龍太郎、野中広務、梶山静六など沖縄への思い入れが強い政治家が多くいた。沖縄戦の悲惨さや米軍統治を知る世代で、沖縄への予算配分や優遇策などに政治力を発揮した。ただ、日米同盟や安全保障の観点から沖縄の米軍基地の存在には肯定的で、普天間飛行場の辺野古移設計画も実質的には彼らが主導的な役割を担っていた。

9 「よって普天間飛行場の被害を除去するには本件新施設等を建設する以外にはない」

（辺野古訴訟・福岡高裁那覇支部判決＝2016年9月16日）

裁判官が踏み込んだ安全保障論

びっくりの判決だった。勝敗の問題ではない。勝ち負けで言えば、国が勝つだろうとの予測が大半だった。問題はそのロジックである。

この裁判は経緯がややこしいので、ざっくり説明する。前知事の仲井真弘多が承認した辺野古沖の埋め立てについて、新知事となった翁長雄志が承認を取り消したことに国が異議を唱えて提訴した。辺野古沖の埋め立ては普天間飛行場の代替施設をつくるため。翁長が承認を取り消したのはもちろん施設をつくらせないためだ。

裁判は当然のように国が勝った。ひと言で言うと、仲井真前知事の承認手続きに違法性はなかったということだ。それはある程度予想の範囲内。だが、直後に配られた判決要旨を読んだ関係者は皆一様に仰天する。それは「安全保障問題には素人のはずの裁判官がここまで踏み込んだのか」という驚きだった。市民や自治体などが国を相手取って起こす行政訴訟は、裁判所が法手続きの上で違法性があるかないかだけを判断するケースがほとんどだ。過去の原発差し止め訴訟の判決は、大半が原発の安全性など実態面の判断を避け手続き論に終始している。訴えた側には物足りなさが残るが、それはある意味で、裁判官自身が原発の専門家ではないという謙虚さの表れでもあった。

ところがこの辺野古訴訟を指揮した裁判長の多見谷寿郎（１９５８－）はこのタブーの領域に立ち入っていく。特に目立つのは沖縄の日本の安全保障面での位置づけである。判決文は沖縄の安全保障環境について、沖縄が朝鮮半島や台湾海峡から比較的近く、北朝鮮の短距離弾道ミサイル「ノドン」の射程外であることを強調。グアムなどに比べて米海兵隊が沖縄に拠点を置く「地理的優位性が認められるとの原告（国）の説明は不合理ではない」とした。

また、米海兵隊を運ぶ強襲揚陸艦が普段は沖縄から約８００キロも離れた長崎県佐世保基地にいて即応力がないとした県側の指摘にも、強襲揚陸作戦は「海兵隊の一部の任務に該当しうるに過ぎない」と切り捨てた。そして判決は次のように論理を展開する。

「在沖縄全海兵隊を県外に移転することができないという国の判断は戦後70年の経過や現在の世界、地域情勢から合理性があり尊重すべきである。そうすると県内に普天間飛行場の代替施設が必要である。その候補として本件新施設等が挙げられるが、他に県内の移転先は見当たらない」。上記の言葉はその結論である。

埋め立て承認の手続き論に終始せず安全保障論の実態にまで切り込んでの判断は、むしろ原告の県にとっても歓迎すべきことではあった。だが、判決が繰り出す論理は国側の主張を踏襲した内容に終始し、しかも安保論としても説得力に欠けた。ノドンは射程外でも新型の中距離ミサイル「ムスダン」が沖縄に届くことについて判決は触れていない。沖縄の地理的優位性をなぜ本土でなくグアムと比較するのかについても言及がない。強襲揚陸が海兵隊の一部任務ではなく中核的任務であることは安全保障の常識である。この分野の専門家らは「国の主張を切り貼りしたことは明らか。しかもその内容を十分咀嚼していない」と酷評した。

訴訟指揮にも疑問があった。判決で安保論の実態に踏み込んでいるにもかかわらず、審理では原告である沖縄県が申請した安全保障の専門家の尋問を「必要なし」と却下している。県側は「国側だけの主張を聴いて判断した」(代理人)と怒った。「辺野古が唯一の選択肢」とする政府の判断に司法が裏判を押したような判決だった。

安全保障は素人であるはずの裁判官が敢えて専門分野にまで踏み込み判断を下した背景は何なのか。もちろん当事者の多見谷は黙して語らないが、このわずか3カ月後、最高裁は県の上告を棄却。最高裁は高裁判決に憲法違反や判例に反する判断が含まれていないかだけを審理するためだ。ただ最高裁判決は高裁支部とは違い、辺野古新基地建設そのものを適切とは明言していない。多見谷はその後、津地裁所長に栄転している。

裁判官の人事

下級裁判所の裁判官の人事権は最高裁判所が握っている。最高裁の意向と異なるような判決を出すとその後の人事で差別的な待遇を受けるとも言われている。最高裁判事の人事権は内閣にある。このため最高裁や政権の意向をうかがいながら判決文を書く〝ヒラメ裁判官〟が少なくないとされる。こうした人事と判決履歴との関係を国民がうかがい知る機会はほとんどなく、4年に一度の最高裁裁判官の国民審査でも有権者にとって判断材料が乏しいためか罷免された裁判官は過去にいない。

10 「みんな違ってるよ。なんで違っていることをあんたがこんなして泣かなきゃいけないの。(おっかあが)教えてくれたんですね」

(玉城デニー・沖縄県知事候補＝2018年9月22日、「うまんちゅ大集会in那覇」での選挙演説から)

「オール沖縄」刷新した異分子

任期途中に死去した翁長雄志・沖縄県知事のキーワードは「オール沖縄」だった。保守や革新といったイデオロギーの垣根を取り払い、沖縄を一つにまとめあげることで普天間飛行場の辺野古移設を進めようとする安倍政権に対峙した。翁長から後継指名を受けた玉城《たまき》デニー(1959―)は少し違う手法で「オール沖縄」を模索する。その思いがこもった発言がこれだ。

「沖縄はそのように多様性を持って、本当にいろんな人たちが暮らしている。それは戦前戦中戦後、貧しいからみんなで助け合いしようと言って、畑に出てサトウキビをみんなで手伝ったり、昔は茅《かや》茸《ぶき》の屋根でしたから、そのかやを吹き替えするのにその地域の皆さんが総出で出てかやの吹き替えをした」

演説で玉城は、心を寄せ合って助け合う沖縄の精神「イーマールー」を説いた。

喜屋武マリーの項で記したように、沖縄にも内なる差別構造がある。皮膚の色、出身地域、貧富の差。米兵の父と伊江島出身の母の間に生まれた玉城は幼いころから沖縄の中で異分子だった。母子家庭で2歳から10歳まで預かって育ててもらった家庭の女性を玉城は「おっかあ」と呼んだ。いじめられて泣く玉城をおっかあは「みんな違ってるよ」と励ました。玉城の政治的原点がここにある。人々を単色に染めてまとめるのではなく、違った人々と共存し助け合っていく。それは玉城自身が幼少期から求めたものでもあったはずだ。

玉城は知事選で過去最高の39万６６３２票を獲得し、自民、公明などが推薦した佐喜眞《さきま》淳《あつし》に８万票もの差をつけて圧勝した。もちろん翁長の弔い票もあっただろう。だが、違いがあるのは当たり前とする玉城の訴えが、本土から〝差別〟を受け、また内なる差別を抱える沖縄県民の潜在意識に響いた面も少なくないだろう。

玉城の持ち味はラジオのＤＪや音楽活動で培った明るいキャラクターにある。翁長時代の県政は安倍政権との全面対決を辞さない決闘型だったが、玉城は対話重視のソフト路線。朝の県庁内には玉城自身が県の取り組みをＤＪスタイルで伝える庁内放送が流れ、県職員の間には「まなじりを決していた翁長時代とは空気が違う」との声もある。翁長県政の末期は国との裁判の相次ぐ敗訴で手詰まり感が広がっていただけに、玉城のキャラクターは「オール沖縄」の刷新継続には効果的だった。

ただ対話重視で臨んだ辺野古移設問題は明るい展望が見えてこない。初会談まで4カ月もかかった翁長に比べ、就任9日目での顔合わせまではソフト路線が効を奏したが、「結果」を急ぐ安倍晋三首相は2カ月後には辺野古沖に土砂投入を開始。反対が7割を占めた県民投票の結果も無視を貫いた。

このままの状態が続けば埋め立ての既成事実だけが積み上がり、玉城が掲げた対話による問題解決も看板倒れに終わりそうだが、玉城側近は「勝負どころは二つある」と話す。一つは埋め立て予定区域東側の軟弱地盤の存在だ。地盤を固定する改良工事には計画予算の10倍近くかかり工事も長期化するといわれる。国は設計計画の変更を20年4月に沖縄県に申請、玉城は新たなカードを手にした。

もう一つは2021年9月の自民党総裁選だ。安倍4選がなければ政権は変わり、新たな局面がみえてくる可能性もある。

ただ、それまでには20年初夏の沖縄県議選などもある。玉城を支持した沖縄の民意が安倍政権の既成事実積み上げにあきらめの意を示すのか。それともなお「オール沖縄」でいられるか。戦後75年目の年は、沖縄県民にとっても大きな転換点になりそうだ。

後継指名

翁長雄志は死去前に後継の知事候補として建設大手の金秀グループ会長・呉屋守將と玉城デニーの2人を指名していた。音声データがあるとされたが公表はされず、一時その信ぴょう性が疑われた。関係者によると呉屋の名前が出たのは録音前で、データには玉城を指名する場面しかなかったという。呉屋は固辞。玉城は「ほんとに僕なんですか」とためらいながら受諾した。

11

「みなさんの地元、住んでいる所、故郷で同じようなことが起きたらどう思いますか」

（元山仁士郎・「辺野古」県民投票の会代表＝2019年5月3日に都内で開かれた憲法記念日の集会での演説から）

絶たれた民意反映の回路

2019年2月24日に行われた辺野古移設の是非をめぐる沖縄県民投票は「移設反対」が71・7％を占め、実施に奔走してきた元山仁士郎（1991－）の思いがかなった結果となった。懸念された投票率も52・4％と当初の予想を上回った。だが、それから2カ月余りたった憲法記念日の集会に現れた元山の言葉は怒りに満ちていた。

実施前に菅義偉官房長官が示唆していたとおり、結果が出た後も辺野古の埋め立て工事が続いていたからだ。岩屋毅防衛相は「沖縄には沖縄の、国には国の民主主義がある」と居直ったような言葉を吐いた。

元山は集会で「住民投票の結果が反映されなかったらどう思いますか。『沖縄が』とかじゃなくて、普通に怒ってほしいんです」と聴衆に訴えた。そして「世論調査でも7割近くの方々が県民投票の結果を国は尊重すべきだと答えていました。しかし都道府県知事へのアンケートでは『尊重すべきだ』と答えたのは岩手と静岡の2県のみでした。このギャップは何なんでしょうか」と語気を強めた。明らかな民意を受け止めようとしない為政者たち。それを傍観する本土の世論。元山のいらだちは時の政権だけでなく、ヤマトンチュそのものに向けられているようにみえた。

県民投票は実施までに曲折を重ねた。一橋大大学院を休学した元山らが実施に必要な有権者の50分の1（約2万3000筆）の署名集めを始めたのは18年5月。9月初めには約4倍に当たる9万2848筆の署名を県に提出、県議会は「賛成」「反対」の2択での実施を決めた。ところが宮古島、宜野湾、沖縄など5市長が県民投票実施にかかる予算執行を認めず、全県での実施は暗礁に乗り上げる。市長らは「普天間の固定化につながる」「市民を分断する」などの理由を挙げたが、実施を嫌う自民党中央の意向を反映していたことは明白だった。

元山らは市長らに必死の説得を試みるが埒《らち》が明かない。そこで元山は19年1月15日から宜野湾市役所の前でハンガーストライキに入る。ハンストは本土からみるとやや時代錯誤に見える戦術だが、沖縄では1970～80年代の金武湾石油備蓄基地反対闘争や新石垣空港建設阻止闘争など市民運動では頻繁に行われており、元山も「沖縄の歴史を考えると当然やるべきことだと思った」と話す。このハンストは5日間に及んだ。そして見かねた公明党沖縄県本部の金城勉代表が仲裁に乗り出し、「どちらでもない」を入れた3択で実施することで妥協が成立する。元山は達成感とともに「沖縄の政治のすごさを実感した」という。

しかし、そこまでして実現した県民投票の結果を安倍政権が無視したことで、沖縄は民意を反映させる回路を絶たれた。元山の思いは達成感から怒りへ、そしてこの国の仕組みへの深い懐疑へと変わり始めている。

普天間駐留の米軍機オスプレイを佐賀県へ移設する計画は、地元の反対で結局立ち消えになった。秋田県配備が報じられた地上配備型迎撃ミサイルシステム「イージス・アショア」について、原田憲治防衛副大臣は「地元の理解が得られないまま進めることは考えていない」と述べ、20年5月には防衛省は地元の反発を考慮して断念する方針を固めている。元山は問う。「なぜ沖縄だけ県民の理解を得る必要がないのか。これは、もはや基地問題ではなくて、日本の民主主義の問題ではないですか」

住民投票

住民投票には憲法に基づくもの、地方自治法に基づくもののほか、自治体が定める条例によって住民の意思を確認するものがある。自治体の合併や原発建設の是非などは自治体条例によるもので、沖縄県の辺野古移設の是非を問う住民投票もこれに当たる。議会と首長の二元代表制を補う手段とされるが、その結果に法的な強制力はない。沖縄県名護市では1997年12月に普天間飛行場の移設先として米軍の海上へリポートを建設する計画の是非を問う住民投票が行われ、「反対」が53・8%、「賛成」が46・1%となったが、当時の比嘉鉄也市長は直後に受け入れを表明し辞任した。

付録

大田實少将の電報

『南西諸島方面電報綴　昭和20年6月』から

発　沖縄根拠地隊司令官
宛　海軍次官

左の電□□次官に御通報方取り計らいを得たし

沖縄県民の実情に関しては、県知事より報告せらるべきも、県には既に通信力なく、三二軍司令部また通信の余力なしと認めらるるに付き、本職、県知事の依頼を受けたるに非ざれども、現状を看過するに忍びず、これに代わって緊急御通知申し上ぐ。

沖縄島に敵攻略を開始以来、陸海軍方面、防衛戦闘に専念し、県民に関しては殆ど顧みるに暇なかりき。

然れども、本職の知れる範囲に於いては、県民は青壮年の全部を防衛召集に捧げ、残る老幼婦女子のみが、相次ぐ砲爆撃に家屋と家財の全部を焼却せられ、僅に身を以って軍の作戦に差支えなき場所の小防空壕に避難、尚、砲爆撃の□□に中風雨に曝されつつ、乏しき生活に甘んじありたり。

しかも若き婦人は、率先軍に身を捧げ、看護婦、烹炊婦は元より、砲弾運び、挺身切り込隊すら申し出る者あり。

所詮、敵来たりなば、老人子供は殺されるべく、婦女子は後方に運び去られて毒牙に供せらるべしとて、親子生き別れ、娘を軍衛門に捨つる親あり。

看護婦に至りては、軍移動に際し、衛生兵既に出発し、身寄り無き重傷者を助けて□□、真面目にして、一時の感情に駈られたるものとは思われず。

さらに、軍に於いて作戦の大転換あるや、夜の中に遥かに遠隔地方の住民地区を指定せられ、輸送力皆無の者、黙々として雨中を移動するあり。

これを要するに、陸海軍沖縄に進駐以来、終始一貫、勤労奉仕、物資節約を強要せられつつ（一部はとかくの悪評なきにしもあらざるも）ひたすら日本人としての御奉公の護を胸に抱きつつ、遂に□□□□与え□ことなくして、本戦闘の末期と沖縄島は実情形□□□□□

一木一草焦土と化せん。糧食六月一杯を支うるのみなりという。沖縄県民斯く戦えり。県民に対し、後世特別の御高配を賜らんことを。

※不鮮明で解読不可能な部分は□で補った。また、読みやすさを考慮し、適宜句読点を補い、現代かな遣いに改めた。

生きる

相良倫子

私は、生きている。
マントルの熱を伝える大地を踏みしめ、
心地よい湿気を孕んだ風を全身に受け、
草の匂いを鼻孔に感じ、
遠くから聞こえてくる潮騒に耳を傾けて。

私は今、生きている。

私の生きるこの島は、
何と美しい島だろう。
青く輝く海、
岩に打ち寄せしぶきを上げて光る波、
山羊の嘶き、
小川のせせらぎ、
畑に続く小道、
萌え出づる山の緑、
優しい三線の響き、
照りつける太陽の光。

私はなんと美しい島に、
生まれ育ったのだろう。

ありったけの私の感覚器で、感受性で、
島を感じる。心がじわりと熱くなる。

私はこの瞬間を、生きている。

この瞬間の素晴らしさが
この瞬間の愛おしさが
今と言う安らぎとなり
私の中に広がりゆく。

たまらなく込み上げるこの気持ちを
どう表現しよう。
大切な今よ
かけがえのない今よ

私の生きる、この今よ。

七十三年前、
私の愛する島が、死の島と化したあの日。
小鳥のさえずりは、恐怖の悲鳴と変わった。
優しく響く三線は、爆撃の轟に消えた。
青く広がる大空は、鉄の雨に見えなくなった。
草の匂いは死臭で濁り、
光り輝いていた海の水面は、
戦艦で埋め尽くされた。
火炎放射器から吹き出す炎、幼子の泣き声、
燃えつくされた民家、火薬の匂い。
着弾に揺れる大地。血に染まった海。
魑魅魍魎の如く、姿を変えた人々。
阿鼻叫喚の壮絶な戦の記憶。

みんな、生きていたのだ。
私と何も変わらない、
懸命に生きる命だったのだ。
彼らの人生を、それぞれの未来を。
疑うことなく、思い描いていたんだ。
家族がいて、仲間がいて、恋人がいた。
仕事があった。生きがいがあった。
日々の小さな幸せを喜んだ。手をとり合って生きてきた、私と同じ、人間だった。
それなのに。
壊されて、奪われた。
生きた時代が違う。ただ、それだけで。
無辜の命を。あたり前に生きていた、あの日々を。
摩文仁の丘。眼下に広がる穏やかな海。

悲しくて、忘れることのできない、この島の全て。
私は手を強く握り、誓う。
奪われた命に想いを馳せて、
心から、誓う。

私が生きている限り、
こんなにもたくさんの命を犠牲にした戦争を、絶対に許さないことを。
もう二度と過去を未来にしないこと。
全ての人間が、国境を越え、人種を越え、
宗教を越え、あらゆる利害を越えて、平和である世界を目指すこと。
生きる事、命を大切にできることを、
誰からも侵されない世界を創ること。
平和を創造する努力を、厭わないことを。

あなたも、感じるだろう。
この島の美しさを。
あなたも、知っているだろう。
この島の悲しみを。
そして、あなたも、
私と同じこの瞬間《とき》を
一緒に生きているのだ。

今を一緒に、生きているのだ。

だから、きっとわかるはずなんだ。
戦争の無意味さを。本当の平和を。
頭じゃなくて、その心で。
戦力という愚かな力を持つことで、
得られる平和など、本当は無いことを。
平和とは、あたり前に生きること。
その命を精一杯輝かせて生きることだということを。

私は、今を生きている。

みんなと一緒に。
そして、これからも生きていく。
一日一日を大切に。
平和を想って。平和を祈って。
なぜなら、未来は、
この瞬間の延長線上にあるからだ。
つまり、未来は、今なんだ。

大好きな、私の島。
誇り高き、みんなの島。
そして、この島に生きる、すべての命。
私と共に今を生きる、私の友。私の家族。

これからも、共に生きてゆこう。
この青に囲まれた美しい故郷から。
真の平和を発進しよう。
一人一人が立ち上がって、
みんなで未来を歩んでいこう。

摩文仁の丘の風に吹かれ、
私の命が鳴っている。
過去と現在、未来の共鳴。
鎮魂歌よ届け。悲しみの過去に。
命よ響け。生きゆく未来に。
私は今を、生きていく。

沖縄関連年表

1945・2・14 近衛文麿が昭和天皇に早期講和を求め上奏
3・26 米軍が慶良間諸島に上陸
米軍が軍政実施の布告（ニミッツ布告）発令
3・28 渡嘉敷島で住民が集団自決 **（第1章5→44頁）**
4・1 米軍が沖縄本島に上陸
4・5 米海軍が読谷村で軍政府開設
4・7 鈴木貫太郎内閣が発足
4・12 トルーマン米大統領就任
5・27 陸軍が首里を離れ南部の摩文仁への撤退を決断 **（第1章2→32頁）**
6・6 太田實海軍少将が海軍次官宛てに打電する。**（第1章1→28頁）**
6・10 バックナー米陸軍中将が牛島満陸軍中将に降伏勧告（14日も）
6・13 大田實海軍少将が自決
6・18 バックナー中将が戦死
6・21 牛島中将がバックナー中将の戦死を知る **（第1章4→40頁）**
6・23 **牛島中将が自決、日本軍壊滅、沖縄戦が終結**
8・14 ポツダム宣言受諾
8・15 天皇が終戦の詔書を放送

8・17 東久邇宮稔彦内閣が発足
8・20 沖縄諮詢委員会設置
9・20 沖縄の市会議員選挙で初の女性参政権
10・9 幣原喜重郎内閣が発足

1946・1・29 **GHQの行政分離に関する覚書により北緯30度以南の沖縄などの諸島が日本から分離**
4・24 沖縄米民政府発足
4・15 日本円からB円へ切り替え
4・18 ワトキンス米軍政府政治部長が沖縄諮詢会で発言 **（第2章1→52頁）**
5・22 第1次吉田内閣が発足
7・1 米軍統治が海軍から陸軍へ
8・17 本土疎開者の沖縄への引き揚げ開始
11・3 **日本国憲法公布**

1947・3・12 トルーマン米大統領が共産主義封じ込め政策発表
5・3 日本国憲法施行
5・24 片山哲内閣が発足
6・27 マッカーサーGHQ最高司令官が米国人記者と会見 **（第2章2→56頁）**
7・20 沖縄人民党結成
9・20 GHQ外交局が「天皇メッセージ」の覚書作成 **（第2章3→59頁）**

1948・1・24 米軍政府が「琉球の政府について」声明発表

3・10 芦田均内閣が発足
5・1 琉球銀行が設立
5・24 米軍政府が「琉球列島における統治の主体について」声明発表
7・1 沖縄タイムス創刊
7・16 琉球列島の法定通貨をB円軍票に統一
8・6 伊江島で米軍の弾薬処理船爆発し住民含め114人死亡
10・15 第2次吉田内閣が発足
12・15 沖縄婦人連合会設立

1949・7・4 マッカーサーGHQ最高司令官が「日本は共産主義東進阻止のための防壁」声明発表
10・1 中華人民共和国成立

1950・4・12 B円の対ドル為替レート決定
5・22 琉球大学開学
6・25 朝鮮戦争はじまる
9・13 瀬長亀次郎沖縄人民党書記長が群島知事選挙で演説 **(第2章8→79頁)**
10・31 社会大衆党結成
11 奄美、沖縄、宮古、八重山の各群島に群島政府が発足
12・15 米軍政府を琉球列島米国民政府に改称

1951・3・18 社会大衆党、人民党がそれぞれ本土復帰運動の推進決議
4・11 マッカーサーGHQ最高司令官罷免

9・4 対日講和会議
9・8 **講和条約と日米安保条約調印**
9・10 「うるま新報」が「琉球新報」に改題
1952・3・2 第1回立法院議員選挙
4・1 **琉球政府発足**
4・28 **対日平和条約、日米安保条約発効**
7・1 那覇日本政府南方連絡事務所が設置
8・31 琉球民主党結成
11・1 布令91号「軍用地契約権について」発布
1953・1・9 映画「ひめゆりの塔」公開
1・10 沖縄諸島復帰期成会発足
1・17 第1回祖国復帰県民大会
1・20 アイゼンハワー米大統領就任
2・19 屋良朝苗が衆院文部委員会で参考人演説（**第3章1→100頁**）
4・3 **米軍が土地収用令を公布し「銃剣とブルドーザー」による強制収容開始を宣言**
4・11 米軍が真和市村（現・那覇市）で武装兵出動して土地を強制収容
6・17 昭和天皇が田島道治初代宮内庁長官に米軍駐留などで所見（**第3章8→168頁**）
7・15 **伊江島土地闘争始まる**
7・27 朝鮮戦争休戦協定調印

11・20 ニクソン米副大統領「共産主義の脅威ある限り沖縄を保有」と沖縄で言明
11・24 昭和天皇が田島道治初代宮内庁長官に基地問題などで所見（第3章8→167頁）

1954・1・7 **アイゼンハワー米大統領が一般教書演説で沖縄基地無期限保有を言明**
2・20 ブラムリー首席民政官が沖縄教職員会に「復帰運動は共産主義者を利するのみ」と警告
3・1 米国がビキニ水爆実験
3・2 ボールドウィン国際人権連盟議長が日本の人権団体に書簡（第2章9→83頁）
3・17 米民政府が地代一括払いの方針発表
4・30 立法院が「土地4原則」の請願可決
10・6 人民党事件で瀬長亀次郎逮捕
11・7 沖縄刑務所暴動
11・24 阿波根昌鴻が対米折衝のための「陳情規定」作成（第2章7→75頁）
12・10 鳩山一郎内閣が発足

1955・1・13 朝日新聞「米軍の『沖縄民政』を衝く」掲載
3・4 立法院が地代一括払い反対を決議、土地4原則を全会一致で確認
5 米海兵隊が岐阜、山梨から沖縄への移駐発表
7・21 **米軍による土地強制収容の不当性を訴える「乞食行進」開始（56年2月まで）**
9・2 ムーア米琉球軍司令官がナイキミサイル配備計画発表
9・3 **石川市（現・うるま市）で米兵による6歳女児強姦殺人事件**

1956・6・9 **プライス勧告発表**
6・14 立法院や行政府など4者協議会がプライス勧告阻止を決議
6・20 4原則貫徹のための「島ぐるみ闘争」始まる
6・25 瀬長亀次郎が那覇高校で演説 **（第2章8→79頁）**
8・17 デモ参加の琉大生に退学処分（第2次琉大事件）
11・16 キャンプ・シュワブ使用開始
12・23 石橋湛山内閣が発足
12・26 那覇市長に瀬長亀次郎当選
12・28 米民政府が那覇市への資金凍結

1957・1・4 レムニッツアー米民政長官が一括払い、新規接収の軍用地最終方針示す
2・25 岸信介内閣が発足
5・18 沖縄ビール（オリオンビールの前身）設立 **（第4章13→183頁）**
6・5 **アイゼンハワー大統領の行政命令で高等弁務官制施行発表 （軍政長官による民政）**
6・17 那覇市議会が瀬長市長不信任案可決
6・18 瀬長市長が市議会解散
6・20 岸信介首相がダレス米国務長官と会談 **（第2章11→91頁）**
6・21 日米首脳共同声明
7・4 ジェームス・ムーア初代高等弁務官就任
8・16 本土にいた在日米第三海兵師団が沖縄へ移駐開始

11・25　那覇市議会で再び瀬長市長の不信任案可決
1958・1・12　那覇市長に兼次佐一当選
2・16　沖縄社会党結成
9・9　米民政府が裁判権の4分の3以上を琉球側に移管と発表
9・16　通貨B円をドルに切り替え
10　日米安保改定交渉始まる
10・13　軍用地問題で米琉が原則一致
11　在沖米軍がナイキ実射公開
1959・1・12　地代一括払い廃止
4・25　沖縄県護国神社が再建
6・30　石川市宮森小学校に米軍ジェット機墜落18人死亡
8・18　国際人権連盟議長R・ボールドウィン来沖
10・5　沖縄自由民主党結成
12・26　米兵が金武村の耕地で女性射殺（イノシシ事件）
1960・4・28　沖縄県祖国復帰協議会結成
6・19　日米新安保条約が自然承認
6・19　アイゼンハワー米大統領が沖縄訪問
7・19　池田勇人内閣が発足
9・25　池田首相が横田球生記者に沖縄リポートを要請　**（第2章6→71頁）**

1961・1・20 ケネディ米大統領が就任
2・16 キャラウェイ高等弁務官就任
6・13 本土からの国会議員団が立法院議員らと懇談 **（第２章５→67頁）**
6・18 全沖縄労働組合連合会、全沖縄軍労働組合連合会結成
9・19 コザ市の米兵ひき逃げ事件で４人死傷
12・7 具志川村の民家に米軍ジェット機墜落し２人死亡４人重傷
12・17 那覇市長に西銘順治当選
1962・1・18 ケネディ米大統領が沖縄の施政権保持宣言
2・1 立法院が「米国の沖縄支配は国連憲章違反」との施政権返還決議を全会一定で採択
2・6 田中角栄自民党政調会長がケネディ米司法長官に「沖縄返還の前提として米国が日本に憲法改正と再軍備を提案してはどうか」と発言
3・19 ケネディ米大統領が沖縄新政策で「沖縄は日本の一部」と声明
12・20 **嘉手納で米輸送機墜落し７人死亡８人重軽傷**
1963・2・28 中学１年の国場秀夫君が信号無視の米兵トラックにひき殺される事件
3・5 キャラウェイ米高等弁務官が金門クラブで演説 **（第２章４→63頁）**
11・22 ジョンソン米大統領就任
1964・2・1 立法院が沖縄住民代表の国政参加要請を採択
3・20 沖縄自民党がキャラウェイ施政を批判

5・3 米ワシントンポスト紙が沖縄での米施政批判記事を掲載
10・10 東京五輪開幕（〜24日）
11・9 佐藤栄作内閣が発足
11・20 摩文仁の丘に茨城の塔建立 **（第1章6↓47頁）**
12・26 沖縄の保守勢力が集結し民主党結成

1965・

1・13 佐藤・ジョンソン共同声明で沖縄の基地が極東の安全に重要と確認
2・7 米軍が北ベトナム爆撃開始
3・8 在沖海兵隊がベトナム・ダナンに上陸
3・9 陸上自衛隊が初の「海外」研修を沖縄で実施
4・1 知念襄二が東大入学 **（第3章10↓134頁）**
4・9 沖縄基地からのベトナム戦争介入に抗議する県民大会
4・28 戦後最大の復帰県民大会
6・11 読谷で米軍トレーラーが落下し小学生死亡
7・28 米爆撃機B－52が嘉手納基地へ飛来
8・19 佐藤首相が沖縄訪問 **（第3章5↓116頁）**

1966・

5・19 米空中給油機が嘉手納基地近くで墜落1人死亡
6 沖縄の裁判所が米民政官書簡により二つの裁判を米民政府裁判所へ移送
11・2 アンガー第5代高等弁務官の就任式 **（第2章10↓87頁）**

1967・2・24 **教育公務員関連2法案で教職員らと警察隊が衝突**
7・21 大城立裕「カクテル・パーティー」が沖縄初の芥川賞 **(第4章2→145頁)**
8・1 佐藤首相の諮問機関「沖縄問題等懇談会」設置を閣議決定
9 大城立裕『カクテル・パーティー』発行
9・30 沖縄婦人団体連絡協議会結成
11・15 第2次佐藤・ジョンソン共同声明で「3年以内に返還期日決定」
1968・1・31 ジョンソン米大統領が主席公選認める
2・5 戦略爆撃機B－52が嘉手納基地常駐開始
4・24 全軍労が10割年休闘争
5・2 べ平連と原水協が嘉手納基地前で座り込み
8・20 興南高校が甲子園で初のベスト4
8・23 知念襄二らがパスポートを焼き捨て晴海ふ頭に上陸し逮捕
秋 西銘順治・自民党総裁が嘉手納村長選挙で応援演説 **(第3章3→108頁)**
10 沖縄独立を唱える野底武彦が主席公選で公約表明 **(第3章4→112頁)**
10・31 ジョンソン米大統領が北爆の全面停止発表
11・10 **初の主席公選で屋良朝苗当選**
11・19 嘉手納基地でB－52墜落
1969・1・20 ニクソン米大統領就任
1 仲宗根郁子沖縄婦人連合会会長が機関誌で復帰運動への意欲表明 **(第2章12→95頁)**

2・1 二・四ゼネスト中止
4・1 我喜屋優が大昭和製紙野球部入部 **（第5章6→212頁）**
4・28 沖縄デー初の統一集会
5・28 米国家安全保障会議が沖縄の核抜き返還方針を極秘決定 **（第3章7→124頁）**
6・5 全軍労24時間スト
7・18 米ウォールストリートジャーナルが「沖縄基地でVXガス事故」と報道
7 沖縄闘争学生委員会結成
11・6 若泉敬が日米首脳会談を前に佐藤首相と協議 **（第3章6→120頁）**
11・21 **日米首脳が共同声明で沖縄の「3年以内核抜き・本土並み返還」で合意**
12・4 米軍が基地労働者2400人の解雇を発表
1960年代末 豊平良顕が筑紫哲也と問答 **（第4章1→142頁）**
1970・1・14 山中貞則が総理府総務長官として初入閣 **（第3章9→130頁）**
2 大宅壮一の沖縄リポートが載った月刊誌『現代』発売 **（第4章4→153頁）**
3・3 沖縄復帰準備委員会発足
3・15 大阪万博開幕（〜9月13日）
3・31 沖縄復帰対策の基本方針閣議決定
5・1 沖縄・北方対策庁が発足
5・30 具志川市（現・うるま市）で女子高生が米兵に刺され重傷

6・5 沖縄返還協定作成交渉始まる
9・21 大江健三郎『沖縄ノート』発行 **（第4章5→157頁）**
10 大田實の長男・英雄が平和運動に関する会議の報告書に寄稿 **（第1章3→36頁）**
11 新川明が「『非国民』の思想と論理」を「沖縄の思想」に執筆 **（第3章2→104頁）**
11・15 **国政参加選挙**
12 佐木隆三『沖縄と私と娼婦』発行 **（第4章6→160頁）**
12・20 **コザ暴動 （第3章8→127頁）**
1971・1・13 米軍基地の毒ガス撤去作業始まる
2 防衛庁が沖縄に6300人の自衛官配備決定
6・1 南沙織のデビュー曲「17才」発売 **（第4章12→179頁）**
6・17 **沖縄返還協定調印**
8・16 米国がドルと金の交換停止発表（ニクソンショック）
8・28 円が変動相場制へ移行
10・8 政府が本土復帰の際に1ドル＝360円で差損補償決定
10・16 沖縄国会（～12月27日）
10・22 政府が75年の沖縄海洋博を決定
11・10 返還協定批准反対ゼネスト
11・17 衆院特別委で沖縄返還協定強行採決、屋良朝苗主席の建議書届かず
12・9 反戦地主の会が結成

1972・1・7 佐藤・ニクソン会談で沖縄返還の期日を5月15日に決定
1・20 東峰夫が「オキナワの少年」で芥川賞
3・24 全軍労無期限スト
4・4 西山太吉が国家公務員法違反容疑で逮捕（Ⅳ）
4・22 自衛隊の準備要員が沖縄入り
5・12 米民政府解散式
5・15 **沖縄が本土復帰**
沖縄県産ビールの酒税減免スタート
6・25 屋良朝苗が知事に当選
7 落合畯が沖縄自衛官募集事務所長として赴任しデモ隊から抗議受ける **（第1章3→36頁）**
7・7 田中角栄内閣が発足
10・11 自衛隊那覇駐屯地開設
12・10 衆院選で沖縄から戦後初の当選者
12・18 沖縄振興開発計画が閣議決定
1973・1・27 ベトナム戦争終結に向けたパリ和平協定調印
2・6 米軍機が那覇空港で着陸に失敗し炎上
4・12 金武村で薬莢拾いの女性を米軍戦車が轢殺
4・24 米海兵隊による県道104号越え実弾砲撃訓練
5・3 復帰記念の沖縄特別国体開会

1974・9・22 石油備蓄基地（CTS）に反対する地域住民組織「金武湾を守る会」結成
1974・春 具志堅用高が沖縄から上京 **（第4章11→176頁）**
1974・8・9 フォード大統領就任
1974・9・5 「金武湾を守る会」が埋め立て無効求め那覇地裁に提訴
1974・12・9 三木武夫内閣が発足
1975・7・17 皇太子夫妻が沖縄を訪問。ひめゆりの塔で過激派が火炎瓶を投げる **（第5章1→194頁）**
1975・7・20 **沖縄国際海洋博覧会**（〜76年1月18日）
1975・10・6 「金武湾を守る会」が県庁前でハンスト
1976・6・13 沖縄県知事選で平良幸市が当選
1976・6・22 屋良知事が退任2日前に金武湾のCTSタンク設置を承認
1976・10・10 具志堅用高が世界Jフライ級王者に
1976・12・24 福田赳夫内閣が発足
1977・1・20 カーター米大統領就任
1978・5・18 米ファントム戦闘機がキャンプ・ハンセンで墜落
1978・7・30 交通ルールを本土と統一
1978・8・12 日中平和友好条約
1978・12・7 大平正芳内閣が発足

12・10 沖縄県知事選で西銘順治が当選
1979・1・1 米中国交正常化
3 沖縄県が新石垣空港の建設計画発表
1980・7・17 鈴木善幸内閣が発足
1981・1・20 レーガン米大統領就任
11・13 国頭村の新種の野鳥「ヤンバルクイナ」と命名
1982・2・26 嘉手納基地爆音訴訟提訴
春 上原康助が季刊「沖縄問題」のインタビューに答える（第4章3→148頁）
6 高校教科書から沖縄住民虐殺の記述削除
11・12 増尾由太郎が琉球新報紙上で「内なる皇国史観・補論」を展開（第4章7→163頁）
11・14 沖縄県知事選で西銘順治が再選
11・27 中曽根康弘内閣が発足
1983・4 沖縄アクターズスクール開校
12・8 沖縄戦記録フィルム1フィートの運動の会結成
1985・3・23 金城次郎が沖縄初の人間国宝に決定（第4章9→170頁）
5・31 西銘知事が沖縄県知事として初の渡米
6・15 一坪反戦地主会が軍用地使用認定取り消し訴訟

1986・夏　喜屋武マリーに利根川裕がインタビュー（第4章10→173頁）
11・16 沖縄県知事選で西銘順治が3選
1987・6・21 嘉手納基地を約2万5000人が「人の輪」で包囲
9・20 沖縄海邦国体開会
9・22 昭和天皇が手術
11・6 竹下登内閣が発足
1988・1　宮内庁が昭和天皇の和歌公表（第4章8→166頁）
5・26 那覇市に自由貿易地域（フリーゾーン）開設
1989・1・7 昭和天皇崩御
1・20 ブッシュ（父）米大統領就任
6・3 宇野宗佑内閣が発足
6・23 ひめゆり平和祈念資料館開館
8・10 海部俊樹内閣が発足
12・2 米ソ首脳会談で冷戦の終結宣言
1990・6・19 日米合同委員会が在沖米軍基地返還リスト（17施設23件、約1000ヘクタール）発表
11・18 沖縄県知事選で大田昌秀が西銘順治破り初当選
1991・11・5 宮澤喜一内閣が発足

1992・11・24 米国がフィリピンのスービック海軍基地を返還
1993・1・10 NHK大河ドラマ「琉球の風」放映開始
1・20 クリントン米大統領就任
4・23 第44回全国植樹祭で天皇・皇后が初の沖縄訪問
8・9 細川護熙内閣が発足
1994・4・28 羽田孜内閣が発足
5・15 若泉敬『他策ナカリシヲ信ゼムト欲ス』発行
6・30 村山富市内閣が発足
9・9 宝珠山昇防衛施設庁長官「沖縄は基地と共生・共存を」と発言
11・20 沖縄県知事選で大田昌秀が再選
1995・2 米国防総省が「東アジア戦略報告」発表
6・23「平和の礎」除幕
8・1 沖縄県公文書館開館
9・4 **米兵3人が小学女児を暴行**
9・28 **大田知事が米軍用地強制使用の代理署名拒否を表明**
10・21 少女暴行に抗議する県民総決起大会に8万5000人**（第5章2→198頁）**
11・20 沖縄における施設及び区域に関する特別行動委員会（SACO）設置
12・7 村山首相が大田知事を提訴（代理署名訴訟）

1996・1・11 橋本龍太郎内閣が発足
2 大田知事が諸井虔と会談し普天間返還訴え
2・23 **橋本・クリントン会談で普天間問題が初めて提起**
3・28 日米合同委で夜間飛行制限の騒音防止協定
4・12 橋本首相とモンデール駐日米大使が普天間飛行場の5～7年以内の全面返還合意
7・27 若泉敬死去
8・28 最高裁が代理署名訴訟で県の上告棄却
9・13 大田知事が公告縦覧手続き代行応諾
12・2 **SACO最終報告で普天間代替施設を「沖縄本島東海岸沖」と盛り込む**

1997・1・27 ヘリ基地建設に反対する辺野古区民の会結成
4・17 米軍用地特措法改正案可決
9・23 日米両政府が「日米防衛協力のための指針」（新ガイドライン）で合意
12・21 名護市住民投票でシュワブ沖フローティング案否決
12・24 名護市の比嘉市長が基地受け入れ表明し辞職
大田知事が橋本首相と最後の会談（17回目）

1998・2・6 **大田知事が海上施設案の拒否を表明**
2・8 名護市長選で比嘉市長の後継候補だった岸本建男が初当選
7・18 マキノ正幸『才能』発行 **（第5章7→215頁）**
7・30 小渕恵三内閣が発足

11・15 沖縄県知事選で稲嶺惠一が3選を目指した大田秀昌を破り初当選（8年ぶり保守県政）

1999・4・19 米軍ヘリが北部訓練場沖合に墜落

4・29 沖縄サミット決定 **（第5章3→201頁）**

7・8 地方分権推進一括法が成立

9 稲嶺知事が普天間移転先を辺野古沿岸と津堅島東沿岸（勝連沖）に絞り込む

11・22 **稲嶺知事が移転先を辺野古沿岸と発表**

12・27 名護市の岸本市長が15年使用期限など7条件で受け入れ表明

12・28 小渕内閣が地元との協定締結など「普天間移設の係る政府方針」閣議決定（使用期限は「重く受け止め、米との話し合いで取り上げる」と）

2000・2・10 北部振興協議会が発足

3・20 森喜朗自民党幹事長が「沖縄の教職員組合と新聞は共産党に支配されている」と発言

5・29 朝日新聞が米公文書で沖縄返還に際しての土地の原状回復費の日米密約確認と報道

4・2 小渕首相が脳梗塞で入院

4・5 森喜朗内閣が発足

7・21 **沖縄サミット（〜23）**

11・12 那覇市長選で翁長雄志が当選（32年ぶり保守市政）

11・30 「琉球王国のグスク及び関連遺産群」が世界遺産に登録

2001・1・6 総理府沖縄開発庁廃止され内閣府沖縄振興局に

1・20 ブッシュ（息子）米大統領就任

4・2 NHK連続テレビドラマ「ちゅらさん」放映開始
4・26 小泉純一郎内閣が発足
6・29 北谷町で米空軍兵による女性強姦事件
9・11 米中枢同時テロ
10・5 瀬長亀次郎死去
10・29 普天間爆音訴訟提訴
2002・7・29 政府と沖縄県、名護市が「普天間飛行場代替施設の使用協定」に基本合意
11・1 沖縄美ら海水族館開館
11・17 沖縄県知事選で稲嶺惠一が再選
2003・3・20 イラク戦争開戦
8・10 沖縄都市モノレールが開業
11・16 **ラムズフェルド米国防長官が普天間飛行場を視察し危険性を指摘**
2004・4・19 那覇防衛施設局が辺野古でボーリング調査開始
8・13 **沖縄国際大に普天間離陸の米海兵隊の大型ヘリが墜落**
2005・4・25 西山太吉が東京地裁に国家賠償請求を提訴
7・3 米空軍兵士による小学生強制わいせつ事件
10・31 日米両政府がシュワブ沿岸へのL字形移設案で合意
2006・1・22 名護市長選で岸本市長の後継候補だった島袋吉和が初当選

2・8 吉野文六・元外務省アメリカ局長が北海道新聞の取材に土地の原状回復費の日米密約認める

5・1 **2プラス2で在日米軍再編最終報告に合意。「V字案」を明記**

5・11 額賀防衛庁長官と稲嶺知事が「在日米軍再編に係る基本確認書」に合意

8 ケビン・メア米沖縄総領事が「普天間は特別ではない。飛行場として特に危ないとは思わない」と発言

9・26 第1次安倍内閣が発足

10・20 新石垣空港が着工

11・19 **沖縄県知事選で沿岸V字形滑走路案を容認せず沖合移動を求めた仲井真弘多が初当選**

2007・3・27 東京地裁が西山太吉の国家賠償請求は「20年の除斥期間で請求権は消滅」と棄却

5・23 米軍再編特措法が成立

9・26 福田康夫内閣が発足

9・29 「集団自決」記述削除で教科書検定意見撤回求める県民大会に11万人

2008・4 メア米総領事が「(日米地位協定見直し要求は)政争の具」と発言

7・18 沖縄県議会が辺野古新基地に反対する決議を賛成多数で可決

9・2 最高裁が西山太吉の国家賠償請求を退ける

9・24 麻生太郎内閣が発足

2009・1・20 オバマ米大統領就任

4・1 沖縄防衛局が環境影響評価準備書を沖縄県に提出

7・19 鳩山由紀夫が沖縄市民会館で民主党候補の応援演説**（第6章1→224頁）**
8・30 衆院選で民主党が圧勝し政権交代
9・16 鳩山由紀夫内閣が発足
11・30 橋下徹大阪府知事が「政府から提案があれば、沖縄県の米軍の訓練の一部を関西国際空港で引き受けることも考える」と発言
12・22 読売新聞が沖縄返還協定の核再持ち込みに関する密約文書を発見とスクープ
12・15 鳩山首相が辺野古移設以外の案を本格検討すると表明

2010・1・24 名護市長選で辺野古移設反対の稲嶺進が現職破り初当選
2・24 沖縄県議会が普天間の県外、国外移設を求める意見書を採択
4・6 鳩山首相が外務・防衛幹部に徳之島への移設計画伝える
4・7 朝日新聞が徳之島移設計画を報道
4・25 普天間の県外、国外移設求める県民大会に9万人
5・4 **鳩山首相が沖縄県を訪問し、県内移設回帰を表明（第6章1→224頁）**
5・28 日米両政府が普天間移設先をキャンプ・シュワブの辺野古崎地区と発表
6・8 菅直人内閣が発足
8・21 興南高校が春夏の甲子園で連覇
9・7 尖閣諸島周辺で中国漁船が海保巡視船に接触
10・16 仲井真知事が再選出馬会見で「普天間の県外移設を求める」と明言
11・28 沖縄県知事選で仲井真弘多が再選

12・3 メア米国務省日本部長がアメリカン大学学生相手に講演**（第5章4→205頁）**

2011・3・10 メア米国務省日本部長を更迭

3・11 東日本大震災

6・21 2プラス2で辺野古施設を埋め立て工法によるV字形滑走路に決定

9・2 野田佳彦内閣が発足

11・29 田中総沖縄防衛局長が辺野古アセス評価書提出めぐり「（女性を）犯すときに『これから犯しますよ』と言いますか」発言で更迭

12・28 沖縄防衛局の職員が未明に環境影響評価書を県庁守衛室に搬入

2012・4・27 2プラス2共同文書で辺野古案を「これまでに確認された唯一の有効な解決策」と記述

8・18 那覇市で米海兵隊員による強制わいせつ致傷事件

9・9 オスプレイ配備に反対する沖縄県民大会開催

10・1 米軍がオスプレイの普天間飛行場への配備を開始

12・26 16日の衆院選で民主党が大敗し、第2次安倍内閣が発足

2013・2・22 日米首脳会談で普天間飛行場の早期移設に合意

3・7 新石垣空港が供用開始

3・22 沖縄防衛局が辺野古移設に向け公有水面埋め立て申請書を県に提出

4・3 仲井真知事が沖縄入りした菅義偉官房長官に「辺野古は時間がかかる」

4・28 政府が「主権回復の日」式典開催

11・21 西山太吉が参院国家安全保障委員会で参考人発言**（第3章11→137頁）**

11・25 石破茂自民党幹事長が沖縄選出の党国会議員5人を党本部に呼び「県外移設要求」の撤回を説得

11・27 自民党沖縄県連が議員総会で辺野古移設案を容認する方針を決定

12 菅官房長官が都内に入院中の仲井真知事と極秘に会談

12・25 仲井真知事が安倍首相と会談 **（第6章3→231頁）**

12・27 **仲井真知事が辺野古埋め立て承認**

2014・1・19 名護市長選で辺野古移設反対の稲嶺進が推進派を破り再選

7・1 集団的自衛権行使容認に関する閣議決定

7・14 最高裁が密約情報開示訴訟で不開示の政府判断を支持

8・18 **沖縄防衛局が辺野古の海底ボーリング調査を開始**

11・1 菅原文太が沖縄県知事選の翁長雄志候補集会で応援演説 **（第6章5→239頁）**

11・16 **沖縄県知事選で翁長雄志が仲井真弘多を破り初当選**

12・14 衆院選で沖縄4選挙区すべて「オール沖縄」候補が勝利

2015・4・5 翁長雄志知事が菅義偉官房長官と会談。「キャラウェイ高等弁務官と重なる」と発言 **（第6章4→235頁）**

4・9 辺野古基金創設

4・17 安倍首相が翁長知事と初会談

5・17 新基地建設断念を求める県民大会に3万5000人

5・27 翁長知事、稲嶺市長が訪米し新基地建設反対を訴え（〜6月4日）

6・23 朝日新聞がアマコスト元米駐日大使のインタビュー掲載（第6章6→242頁）

6・25 百田尚樹が自民党の勉強会で講演（第5章5→208頁）

7・16 埋め立て承認の法的手続きを検証する第三者委が「瑕疵あり」との報告書を知事に提出

安保関連法案が衆院で可決

8・4 菅官房長官が辺野古移設工事の一時中断と沖縄県との集中協議発表

8・10 国と沖縄県の集中協議（〜9月7日まで計5回）

8・12 米軍ヘリがうるま市沖で墜落

9・19 安保関連法が成立

9・21 翁長知事が国連人権理事会で演説

10・13 翁長知事が埋め立て承認の取り消しを沖縄防衛局に通知

10・26 菅官房長官が辺野古3地区代表者を官邸に招き3900万円の振興費提示

10・27 政府が県の埋め立て承認取り消しに是正を求め代執行手続き入りを決定

10・29 沖縄防衛局が本体工事再開

11・2 翁長知事が国交相の執行停止決定を国地方係争処理委に審査申し出

11・11 安倍首相が参院予算委の閉会中審査に出席（第6章7→245頁）

11・17 国が代執行訴訟を福岡高裁那覇支部に提訴

12・25 翁長知事が執行停止の国交相決定取り消し求め提訴

2016・1・4 国地方係争処理委が県の申し出却下

1・19 翁長知事が係争委の判断不服として高裁に提訴

3・4 安倍首相と翁長知事の会談で国と県の訴訟の和解が成立、国は工事を中断
3・16 翁長知事の埋め立て承認取り消しに対し、国交相が是正指示
3・23 是正支持を不服として沖縄県が国地方係争処理委に審査申し出
3・31 日米首脳会談で安倍首相が「急がば回れという考えで和解を決めた」
4・28 米軍属による女性拉致強姦殺人死体遺棄事件
6・17 国地方係争処理委が適否の判断回避し、国と県の協議促す
7・22 是正指示に応じないのは違法として、国が不作為の違法確認訴訟を福岡高裁那覇支部に提起
7 北部訓練場へリパッド建設強行のため日本各地の機動隊派遣
9・16 **福岡高裁那覇支部が辺野古違法確認訴訟で県側敗訴の判決（第6章9→252頁）**
10・18 米軍北部訓練場のヘリパッド建設に抗議する市民に警備の機動隊員が「土人が」と発言
12・13 普天間基地所属のオスプレイが名護市沿岸に墜落
12・20 最高裁が辺野古基地建設に関する不作為違法確認訴訟で県の上告を棄却
12・26 翁長知事が埋め立て承認取り消し処分の取り消しを沖縄防衛局に通知

2017・1・20 トランプ米大統領就任
2・6 沖縄防衛局が辺野古で海上工事開始
2・23 第3次嘉手納爆音訴訟で国に302億円の賠償命令。飛行差し止め棄却
4・25 沖縄防衛局が辺野古の護岸工事開始
7・24 沖縄県が岩礁破砕行為の差し止め請求を那覇地裁に提起

2018・2・4　名護市長選で自公が推す候補者が辺野古移設反対の現職破り初当選
2・8　菅義偉官房長官定例会見　**（第6章8→249頁）**
3・13　那覇地裁が岩礁破砕差し止め請求を却下
5　元山仁士郎らが辺野古移設の是非問う県民投票の署名集め開始
6・23　沖縄全戦没者追悼式　**（第5章8→219頁）**
8・8　**翁長沖縄県知事死去**
8・31　沖縄県が公有水面埋め立て承認を取り消し
9・16　安室奈美恵が引退
9・22　玉城デニーが沖縄県知事選で演説　**（第6章10→256頁）**
9・30　沖縄県知事選で翁長後継の玉城デニーが佐喜真を破り初当選
10・12　安倍首相が玉城知事と初会談
10・30　国交相が県の埋め立て承認取り消しの執行停止を実施
12・14　**沖縄防衛局が埋め立て土砂の投入開始**
2019・1・15　元山仁士郎が全市町村参加の県民投票求めハンスト入り
1　橋下徹『沖縄問題、解決策はこれだ！これで沖縄は再生する。』発行
1・23　オリオンビールを野村HD、米カーライルが買収と発表
2・24　**沖縄県民投票で辺野古移設「反対」が71・7％**
5・3　元山仁士郎が都内の憲法記念日集会で演説　**（第6章11→260頁）**

9・29 玉城知事が河野防衛相と会談
10・23 沖縄県の辺野古埋め立て承認撤回を国交相が取り消したのは違法とした裁判で福岡高裁那覇支部が県の訴え却下
10・31 首里城が失火で全焼
12・25 政府が辺野古移設の総工費が従来想定の2・7倍の9300億円、工期12年との再試算を示す

2020・4・21 国が沖縄県に設計計画の変更を申請

あとがき

沖縄は守礼の邦《くに》である。琉球王朝のころから礼を重んじ、争いごとを厭《いと》うた。大和や中国、朝鮮と和し、戦いを遠ざけることが海洋貿易で生きていくウチナンチュの遺伝子だった。

その沖縄が本土政府に対して抵抗を続けている。琉球から沖縄と続く長い歴史の中にあって、この地が強く「否」と唱えることは余程のことである。

本土の人間の多くは、沖縄県民の怒りが「普天間飛行場を辺野古に移設する」とした本土政府の政治判断に対するものだと考えている。それはその通りなのだが、本書をお読みいただいた読者の方々は、沖縄の人々がその一点をもって抗《あらが》っているわけではないことをわかっていただけたのではないかと思う。

米軍は沖縄上陸半年前の1944年11月、沖縄を軍事占領した際の留意事項を記した『琉球列島に関する民事ハンドブック』を作成している。沖縄の生活習慣や文化、言語、気質などを細かく分析した冊子である。その中で、沖縄が日本の中でどのように位置づけられているかを記した「民族的立場」の項にはこうある。「沖縄人は民族性や言語などが日本人と似ているにもかかわらず、本土から違う民族とみなされ差別を受けている。（中略）米国は将来、両者のこうした潜在的な不和のタネを政治的に利用できるだろう」

戦後の歴史はこの米軍の分析の通りに進行する。

返還後初代の知事である屋良朝苗は、72年の本土復帰に際し「沖縄は歴史上、常に手段として利用されてきたことを排除し、新しい県づくりに全力を挙げる」と決意を述べている。90年12月に知事に就任した大田昌秀は「沖縄は手段あるいは政治的質草にされ、利用され続けてきた」と語っている。いずれも普天間の辺野古移設が決まるはるか前のことだ。沖縄は本土防衛のための、あるいは反共防波堤のための、あるいは日米同盟維持のための「手段」として、日米両政府に長く「利用」されてきた。沖縄県民はそれに久しく耐えてきた。沖縄の人たちにとっての普天間問題は、その久しき忍耐の果てにあった出来事である。

抵抗を続ける沖縄の人々の多くは米軍基地をすべてなくせと言っているわけでない。日米安保を破棄しろと言っているわけでもない。普天間の代替基地を県内につくるのが当たり前のように振舞う本土の態度に異議を唱えているだけだ。「戦後70年以上を経て今度もまた、私たちに忍耐を強いるのですか」と。

沖縄をめぐる62の言葉を検証した本書は、沖縄人の抵抗の源流を探る旅でもあった。その怒りの源は琉球民族の遺伝子でもなく、地政学上の悲運でもなく、私たち本土の人間がもたらしてきた長い長い「差別」の歴史ではなかったか。

本書は筆者が不意の病で通信社を退職した後、病気治療と並行して取材し執筆した。在職中には時間がなく手掛けられなかった大きな宿題であったが、一つひとつの事実の確認と理にかなう解釈には思いのほか手間がかかり、孤独で不安な作業だった。そこに喝を入れ、励ましてくださったのが山内《やまのうち》豊彦《とよひこ》さん（元共同通信社社長、復帰前の沖縄特派員）、江畑忠彦さん（同社元常務理事）、中屋祐司さん（同社専務理事）、石井暁さん（同社編集委員）ら通信社の先輩後輩諸氏だった。米倉久邦さん（同社元論説委員長）にも精神的支援をいただいた。またコロナ禍のさなか、6月23日の沖縄慰霊の日までに上梓したいという我儘を快く引き受けていただいた毎日新聞出版のみなさん、特にすさまじい馬力で拙著を仕上げてくれた久保田章子さんには、この場を借りて心からお礼を申し上げたい。

2020年5月

河原　仁志

〈参考文献〉

『新しい国へ　美しい国へ　完全版』（安倍晋三著　文春新書、2013年）
『阿波根昌鴻資料2　陳情日記』（反戦平和資料館ヌチドゥタカラの家、一般財団法人わびあいの里、2019年）
『異議申し立て　基地沖縄』（琉球新報社、1995年）
『入江相政日記　第五巻』（入江為年監修・朝日新聞社編　朝日新聞社、1991年）
『美しい国へ』（安倍晋三著　文春新書、2006年）
『沖縄　空白の一年1945-46』（川平成雄著　吉川弘文館、2011年）
『沖縄軍司令官　牛島満』（奥田鑛一郎著　芙蓉書房、1985年）
『沖縄決戦　高級参謀の手記』（八原博通著　中公文庫、2015年）
『沖縄県民斯ク戦ヘリ　大田實海軍中将一家の昭和史』（田村洋三著　講談社、1994年）
『沖縄県婦人連合会四十年のあゆみ』（沖縄県婦人連合会編・刊、1990年）
『沖縄―この現実』（石田郁夫著　三一書房、1968年）
『沖縄差別と闘う　悠久の自立を求めて』（仲宗根勇著　未来社、2014年）
『沖縄少数派―その思想的遺言』（仲宗根勇著　三一書房、1981年）
『沖縄戦後史』（中野好夫・新崎盛暉著　岩波新書、1976年）
『沖縄　戦跡が語る悲惨』（真鍋禎男著　沖縄文化社、2016年）
『沖縄　だれにも書かれたくなかった戦後史　上下』（佐野眞一著　集英社文庫、2011年）
『沖縄・統合と反逆』（新川明　筑摩書房、2000年）
『沖縄と歌姫　安室奈美恵を発掘した男の壮絶人生』（マキノ正幸著、宝島社、2018年）
『「沖縄独立」の系譜―琉球国を夢見た6人』（比嘉康文著　琉球新報社、2004年）
『沖縄独立を夢見た伝説の女傑　照屋敏子』（高木凜著　小学館、2007年）

『沖縄と70年代　その思想的分析と展望』（沖縄タイムス社、１９７０年）
『沖縄と私と娼婦』（佐木隆三著　ちくま文庫、２０１９年）
『沖縄に死す　第三十二軍司令官牛島満の生涯』（小松茂朗著　光人社ＮＦ文庫、２０００年）
『沖縄の決断』（大田昌秀著　朝日新聞社、２０００年）
『沖縄の心　瀬長亀次郎回想録』（新日本出版社、２０１４年）
『沖縄の思想』（谷川健一編　木耳社、１９７０年）
『沖縄の帝王　高等弁務官』（大田昌秀著　久米書房、１９８４年）
『沖縄ノート』（大江健三郎著　岩波新書、１９７０年）
『沖縄・八十四日の戦い』（榊原昭二著　新潮社、１９８３年）
『沖縄返還の代償　核と基地 密使・若泉敬の苦悩』（「ＮＨＫスペシャル」取材班著　光文社、２０１２年）
『沖縄問題、解決策はこれだ！　これで沖縄は再生する。』（橋下徹著　朝日出版社、２０１９年）
『おきなわ：世の間で―筑紫哲也の多事争論かわら版・完結編』（筑紫哲也著　沖縄タイムス社、２００４年）
『沖縄列伝　戦後史の証言者たち』（琉球新報社著・刊、２００８年）
『沖縄を語る１』（沖縄タイムス社編、２０１６年）
『回想十年　上下』（吉田茂　中央文庫、２０１４年）
『顧みて悔いなし：私の履歴書』（山中貞則著　日本経済新聞社、２００２年）
『聞き書　野中広務回顧録』（御厨貴・牧原出編　岩波現代文庫、２０１８年）
『岸信介回顧録―保守合同と安保改定』（岸信介著　廣済堂出版、１９８３年）
『畸人巡礼　怪人礼讃（新　忘れられた日本人Ⅱ）』（佐野眞一著　毎日新聞社、２０１０年）
『基地沖縄の苦闘　全軍労闘争史』（上原康助・全沖縄軍労働組合著　創広、１９８２年）
『喜屋武マリーの青春』（利根川裕著　ちくま文庫、１９８８年）
『楠田実日記　佐藤栄作総理首席秘書官の二〇〇〇日』（楠田実著　和田純・五百旗頭真編　中央公論新社、２００１年）

『激動の半世紀　沖縄タイムス社50年史』（沖縄タイムス社編・刊、1998年）
『激動八年　屋良朝苗回想録』（屋良朝苗著　沖縄タイムス社、1985年）
『国権と島と涙　沖縄の抗う民意を探る』（三山喬著　朝日新聞出版、2017年）
『宰相佐藤栄作』（宮崎吉政著　新産業経済研究会、1980年）
『才能』（マキノ正幸著　講談社、1998年）
『時代を彩った女たち　近代沖縄女性史』（琉球新報社編　ニライ社、1996年）
『10万人を超す命を救った沖縄県知事・島田叡』（TBSテレビ報道局「生きろ」取材班著　ポプラ社、2014年）
『将軍沖縄に死す　第三十二軍司令官牛島満の生涯』（小松茂朗著　光人社、1989年）
『初心忘れず』（上原康助事務所）
『新人国記　10』（朝日新聞社編　朝日新聞社、1986年）
『一九六〇年のパスポート』（横田球生著　琉平堂、2000年）
『戦後沖縄史』（新崎盛暉著　日本評論社、1982年）
『戦後沖縄の新聞人』（真久田巧著　沖縄タイムス社、1999年）
『戦災・空襲を記録する会全国連絡会議・第10回記念那覇大会報告書』（那覇市企画部市史編集室、1970年）
『高い文化のきらめきを生きた人』（豊平良顕氏顕彰事業会、2001年）
『他策ナカリシヲ信ゼムト欲ス』（若泉敬著　文藝春秋、1994年）
『旅の途中　巡り合った人々1959-2005』（筑紫哲也著　朝日新聞社、2005年）
『ドキュメント沖縄闘争』（新崎盛暉編　亜紀書房、1969年）
『内閣総理大臣の沖縄問題』（塩田潮著　平凡社新書、2019年）
『なにくそ、やるぞ　自伝』（具志堅宗精著　琉鵬会、1965年）
『なにくそやるぞ　続』（具志堅宗精著　琉鵬会、1969年）
『なにくそやるぞ　続々　具志堅宗精自伝』（具志堅宗精著　琉鵬会、1977年）

『日米同盟半世紀―安保と密約』(外岡秀俊・本田優・三浦俊章著、朝日新聞社、2001年)
『日本の決意』(安倍晋三　新潮社、2014年)
『評伝　若泉敬』(森田吉彦　文春新書、2011年)
『普天間移設　日米の深層』(琉球新報「日米廻り舞台」取材班著、青灯社、2014年)
『「普天間」交渉秘録』(守屋武昌　新潮社、2010年)
『普天間・辺野古　歪められた二〇年』(宮城大蔵・渡辺豪著　集英社新書　2016年)
『辺野古誌』(辺野古区編纂委員会、1998年)
『マッカーサー回想記　上下』(D・マッカーサー　朝日新聞社、1964、65年)
『道なかば』(上原康助著　琉球新報社、2001年)
『南沙織がいたころ』(永井良和著　朝日新書、2011年)
『未来へつなぐ　沖縄タイムス社70年史』(沖縄タイムス社編・刊、2018年)
「屋良朝苗日誌」(屋良朝苗　沖縄公文書館所蔵、1953-85年)
『琉球政府～自治権の実験室』(大城将保著　おきなわ文庫、1992年)
『笑う魚　金城次郎生誕100年』(那覇市立壺屋焼物博物館、2012年)

「こころの時代～宗教・人生～『イエスと歩む沖縄』」(NHK、2013年12月22日放送)

『伊江島通信第41号』(2006年11月)
『オキナワグラフ　2017年6月号　№663』(新星出版、2017年)
『学習の友　2007年8月号』(学習の友社、2007年)
『季刊沖縄問題第9号』(関西編集工房編・刊、1982年6月)
『月刊タイムス　1950年8月号』(沖縄タイムス社、1950年)

『新沖縄文学　40』（沖縄タイムス社、１９８０年）
『新沖縄文学　44』（沖縄タイムス社、１９８０年）
「沖縄戦後史の捩れを辿る　下」（三山喬『望星』２０１７年2月号　東海教育研究所東海大学出版部）
「沖縄に関する日米協議委員会の新聞発表」（外交史料館所蔵、１９６８年）
「沖縄の『切り捨て』・『切り離し』と米軍政府占領下の沖縄」（川平成雄『琉球大学経済研究』２０１０年）
「沖縄の施政権返還に伴う沖縄への自衛隊配備をめぐる動き」（小山高司『防衛研究所紀要第20巻第1号』防衛省、２０１７年）
「戦後沖縄における女性の復帰運動—沖縄婦人連合会を中心に」（高橋順子『日本女子大学人間社会学部紀要第26号』２０１５年）
「主席公選を巡る日米両政府の介入」（宮城修　沖縄大学地域研究所『地域研究№20』２０１７年12月）
「知念襄二氏（元沖闘委委員長）に聞く60年代、70年代を検証する　全共闘の時代、沖縄は燃えていた」（小嵐九八郎／聞き手　図書新聞２００９年2月28日）
「日本のなかの沖縄の新聞—ローカルジャーナリズムの立ち位置—」（吉岡至　関西大学経済・政治研究所『セミナー年報２０１１』）
「特別インタビュー　肉親が見た権力者一族　父は佐藤栄作、岸信介は伯父、安倍晋三は従甥　佐藤龍太郎が語る三人の首相」（塩田潮／聞き手『ニューリーダー』２０１７年7月号　はあと出版）
「分割された領土」（進藤榮一『世界』１９７９年4月号　岩波書店）
「米海軍政府の軍政要員—ハンナとワトキンス—」（与那覇恵子『名桜大学紀要』２０１６年）
「辺野古訴訟最高裁判決をめぐる法的問題」（茂木洋平『桐蔭法学25巻1号』２０１８年）
「保守一騎打ちの琉球政府行政主席選挙と立法議員選挙における日米の両国の外交交渉」（村岡敬明　日本政治法律学会『日本政治法律研究第1号』２０１９年）
「ロジャー・N・ボールドウィンと島ぐるみ闘争」（仲本和彦　沖縄県公文書館研究紀要、２０１４年）

「ロー・ジャーナル　辺野古訴訟高裁判決の問題点」（松永和宏『法学セミナー』２０１６年12月号　通巻７４３号　日本評論社）

「昭和20年6月　南西諸島　電報綴（防衛省防衛研究所）」（JACAR（アジア歴史資料センター）Ref.C19010023400）

『Civil Affairs Handbook Ryukyu（Loochoo）Islands』（Office of the Chief of Naval Operations, Navy Department、１９４４年）

『DIET REPRESENTATION AMBASSADOR TOKYO to SECRETARY OF STATE：Ryukyu Islands;Central File』（１９６８年、沖縄公文書館所蔵）

『Douglas MacArthur: The Far Eastern General』（Michael Schaller　Oxford University Press, 1989）

『OKINAWA ELECTION STRATGY:AMBASSADOR TOKYO to SECRETARY OF STATE』（沖縄県公文書館所蔵、１９６８年）

『Keystone:The American Occupation of Okinawa and U.S.-Japanese Relations』（Nicholas Evan Sarantakes Texas A&M University Press, 2000）

『The Papers of Roger Nash Baldwin（Series1:correspondence 1897-1981）』（Roger Nash Baldwin　Seeley G. Mudd Manuscript Library, Princeton University）

『The Paul Wyatt Caraway Papers/Speech Given by Gen. Caraway to Golden Gate Club, Naha, Okinawa, 5 Mar 1963』（沖縄県公文書館蔵）

装丁・本文デザイン／秦浩司
ＤＴＰ／明昌堂

河原　仁志（かわはら　ひとし）
1982年に早稲田大学卒業後、共同通信記者、経済部長、編集局長などを経て2019年からフリーライター。2017～19年度に東京大学大学院情報学環でジャーナリズム論の非常勤講師。共著に『「西武王国」崩壊』（東洋経済新報社）。学生時代から沖縄渡航を重ねて戦後史関係の取材や文献の渉猟を続けている。東京都出身。

沖縄《おきなわ》をめぐる言葉《ことば》たち
名言《めいげん》・妄言《もうげん》で読《よ》み解《と》く戦後日本史《せんごにほんし》

印　刷　2020年6月10日
発　行　2020年6月20日
著　者　河原仁志《かわはらひとし》

発行人　黒川昭良
発行所　毎日新聞出版
〒102-0074
東京都千代田区九段南1-6-17　千代田会館5階
営業本部　03（6265）6941
図書第一編集部　03（6265）6745

印刷・製本　光邦

ISBN978-4-620-32636-8